Dieses Buch gehört:

....

....

....

Mein Blumengarten

URTE ZIMMERMANN

Mein Blumengarten

Mit Gartenwissen, 50 Pflanzenporträts, Beetplänen und Platz für die eigene Planung

EMF

EIN BUCH DER
EDITION MICHAEL FISCHER

Index

Vorwort

EIN GARTEN MACHT GLÜCKLICH.

Es ist egal, ob du einen kleinen Balkongarten, einen Schrebergarten oder einen riesengroßen Bauerngarten hast. Es spielt auch keine Rolle, ob du ein ausgebildeter Gärtner oder ein absoluter Anfänger bist. Gärtnern macht einfach glücklich und ist für jeden, der sich auf das Abenteuer Garten einlässt, eine wunderbare Art, sich zu erden, sich zu erholen, sich an frischer Luft zu bewegen und der Natur nah zu sein.

EIN GARTEN MACHT GEDULDIG.

Mit jedem ausgesäten Samenkorn wirst du Geduld haben müssen. Jede Pflanze braucht ihre Zeit zum Wachsen. Bäume und Hecken brauchen besonders lange. Außerdem hat jede Pflanze ihre eigene schönste Zeit im Jahr. Du wartest jedes Jahr wieder geduldig auf das erste Schneeglöckchen, die erste Tulpe oder die erste Rosenblüte.

EIN GARTEN IST NIE FERTIG.

Auch wenn dir dein Garten momentan gefällt, sieht er bald schon wieder ganz anders aus. Er folgt dem Lauf der Jahreszeit und du wirst immer wieder neue Ideen haben. Du kombinierst vielleicht Pflanzen anders, baust mehr Gemüse an oder möchtest eine zusätzliche Spielwiese anlegen. Du wirst Fehler machen und Pflanzen umsetzen müssen. Aber das ist nicht schlimm. Einen Garten zu haben, ist ein nie endender Prozess. Deinen Garten kannst du immer wieder an deine Bedürfnisse anpassen.

EIN GARTEN MACHT KREATIV.

Dein Garten wird dir neue Impulse geben. Mich persönlich inspiriert mein Garten zum Malen von Gärten und Blumen. Mit einigen dieser Illustrationen habe ich dieses Gartenjournal gestaltet. Du findest hier Anregungen, Pläne und Gärtnerwissen, das dir vielleicht bei deinen eigenen Plänen helfen kann. Ich habe auch einige meiner Lieblingszierpflanzen gemalt, stelle sie dir vor und erkläre dir, wie du sie kombinieren kannst.

EIN GARTEN IST NIE PERFEKT.

Auch wenn ich seit vielen Jahren einen Garten habe, bin ich noch lange kein Gartenprofi, mache Fehler, lerne dazu und probiere Neues aus. Und auch wenn ich beim Schreiben dieses Buches so objektiv wie möglich sein wollte, so sind es doch meine persönlichen Erfahrungen, die sich vielleicht nicht mit deinen Erfahrungen decken werden. Ich hoffe, dieses Gartenjournal kann dir trotzdem beim Gestalten deines Blumengartens helfen – ob als Wegweiser, Inspirationsquelle oder Arbeitsmittel. Das Buch bietet dir viel Platz, deine eigenen Erfahrungen, Gedanken, Ideen, Listen und Pläne festzuhalten.

Ich wünsche dir viel Spaß damit!

Urte Zimmermann

Symbole

ÜBERSICHT

- Pflanzenfamilie
- Pflanzentyp
- Form und Farbe der Blüte
- Blütezeit
- Vermehrungsarten
- Laub
- Wuchshöhe
- Wuchsbreite
- Pflanzabstand
- Pflanzzeit
- Bevorzugte Bodenverhältnisse
- Bevorzugte Lichtverhältnisse
- Lieblingsstandort
- Winterhärte
- Schädlinge und Krankheiten
- Giftigkeit
- Tipp

Grundlagen

ZUM GÄRTNERN IM ZIERGARTEN

Hier bekommst du einige Tipps, wie du deinen Ziergarten anlegen und gestalten kannst, und was du beachten solltest, damit er zu jeder Jahreszeit blüht. Du erfährst, was dir helfen kann, die Bodenbedingungen deines Gartens richtig einzuschätzen, um die optimal passenden Zierpflanzen aussuchen zu können. Außerdem erhältst du einige Anregungen, wie du deinen Boden verbessern kannst.

Bodenverhältnisse abschätzen

Um deinen Garten optimal zu bepflanzen, musst du wissen, welcher Boden dir zur Verfügung steht. Du kannst ihn zwar verbessern, dennoch wird diese spezielle Bodenart deine Grundlage bleiben und du solltest dich mit ihr arrangieren.

BODENARTEN

Es gibt in Mitteleuropa 4 Bodenarten, die allerdings immer in unterschiedlichen Mischungsverhältnissen vorliegen: Sandboden, Schluff, toniger Boden und Lehmboden.

Sandiger Boden hat eine grobe Körnung und kann daher Nährstoffe und Feuchtigkeit sehr schlecht festhalten. Auf ihm gedeihen trockenheitsliebende Pflanzen mit wenig Nährstoffbedarf.

Schluff hat eine sehr viel feinere Körnung, bindet Wasser relativ gut, kann aber schnell verdichten. Auch zur Bodenerosion kann es kommen. Hier gedeihen Pflanzen mit normalem Wasserverbrauch gut.

Sehr tonhaltiger Boden hat die feinste Körnung und neigt sehr zum Verdichten. Er lässt sich schwer bearbeiten und Wasser kann schlecht wegsickern. Dadurch entsteht oft Staunässe und es bilden sich bei Regen Pfützen. Robuste Pflanzen mit einem erhöhten Wasserbedarf haben hier die wenigsten Probleme.

Lehmboden ist eine gute Mischung aus Sand, Schluff und Ton. Dieser Boden ist daher ideal für sehr viele Pflanzen. Nährstoffe und Wasser können sich in ausreichender Menge in diesem Boden halten.

BODENBESTIMMUNG IN DEINEM GARTEN

Am einfachsten und genauesten wäre es natürlich, deinen Boden in einem entsprechenden Labor bestimmen zu lassen. Mit folgenden Tipps könntest du aber auch versuchen, ihn selbst einzuschätzen:

FINGERPROBE MACHEN

Mit der Fingerprobe kannst du die Körnungsgröße deines Bodens feststellen. Nimm dazu ein wenig feuchten Boden aus deinem Garten in die Hand und versuche, ihn zu rollen und zu formen. Wenn der Sandanteil in deinem Boden sehr hoch ist, ist die Probe nicht formbar und eine Körnung ist gut sichtbar. Handelt es sich um eine Bodenprobe mit hohem Schluffanteil, ist wenig Körnung sichtbar und sie fühlt sich mehlig an. Ist der Tonanteil sehr hoch, ist keine Körnung sichtbar. Die Probe klebt an den Händen, besitzt eine glänzende und glatte Oberfläche und lässt sich gut in der Hand ausrollen und formen.

BEOBACHTEN

Schaue dich in deiner Nachbarschaft um: Welche Kulturpflanzen gedeihen dort besonders gut? Normalerweise hast du einen ähnlichen Boden wie deine Nachbarn und kannst die gleichen Pflanzen wählen.

AUF ZEIGERPFLANZEN ACHTEN

Viele Wildpflanzen wachsen nur auf bestimmten, für sie optimalen Böden. Diese Pflanzen zeigen dir nicht nur die Zusammensetzung, sondern auch die Fruchtbarkeit, den Kalkgehalt, die Trockenheit, die Feuchtigkeit und die Verdichtung des Bodens an. Du findest auf Sandboden an den Straßenrändern und auf Brachen ganz andere Pflanzengemeinschaften als auf Schluff, Tonerde oder Lehmboden.

ZEIGERPFLANZEN FÜR ...

... leichten Sandboden:
Feldthymian, Gewöhnlicher Natternkopf, Heidekraut, Kiefer, Königskerze, Sandmohn

... tonigen Boden:
Ackerkratzdistel, Ackerschachtelhalm, Huflattich, Rainfarn, Vogelwicke, Wiesenmargerite

... feuchten, verdichteten Lehmboden:
Ackerschachtelhalm, Kriechender Hahnenfuß, Löwenzahn, Weißklee

... schweren, verdichteten Boden:
Ackerkratzdistel, Ackerschachtelhalm, Huflattich, Knöterich, Quecke, Breitwegerich

... leichten, lockeren Lehmboden:
Ackerwinde, Rote Taubnessel, Spitzwegerich, Vogelwicke, Wiesenplatterbse, Wilde Möhre

... stickstoffreichen Boden:
Ackerwinde, Brennnessel, Franzosenkraut, Gartenmelde, Giersch, Hirtentäschel, Klebriges Labkraut, Löwenzahn, Rote Taubnessel, Vogelmiere, Vogelwicke, Wegeriche

... stickstoffarmen Boden:
Ackerfuchsschwanz, Hundskamille, Mauerpfeffer, Weißklee, Wilde Möhre

... nährstoffreichen Boden:
Ackerkratzdistel, Ackerwinde, Giersch, Kornblume, Kriechender Günsel, Rainfarn, Vogelwicke

... nährstoffarmen Boden:
Dost, Gewöhnlicher Steinklee, Hasenklee, Quendel, Wiesenmargerite, Wilde Möhre

... humusreichen Boden:
Brennnessel, Gartenmelde, Giersch, Löwenzahn, Rote Taubnessel, Vogelmiere

... feuchten Boden:
Brennnessel, Giersch, Kriechender Günsel, Schafgarbe, Wiesenknöterich, Wiesenschaumkraut

... trockenen Boden:
Ackerwinde, Färberkamille, Feldthymian, Kornblume, Mauerpfeffer

... sauren Boden (kalkarm):
Ackerziest, Arnika, Heidekraut, Kleiner Sauerampfer, Moose

... alkalischen Boden (kalkreich):
Ackerwinde, Huflattich, Klatschmohn, Weißklee, Kornblume, Odermennig, Zittergras

ZIERPFLANZEN FÜR BESTIMMTE BÖDEN UND STANDORTE

Pflanzen brauchen unterschiedliche Bodenvoraussetzungen und gedeihen auf dem für sie passenden Boden am besten. Trockenheitsresistente Pflanzen und solche, die nährstoffarmen Boden lieben, würden auf feuchter, nährstoffreicher Erde schlecht wachsen und eingehen. Dagegen würden Pflanzen mit einem hohen Flüssigkeitsbedarf im trockenen Steinbeet verkümmern. Hier findest du einige Beispiele:

Zierpflanzen für sandigen Boden, Standort: Sonne

Aster, Felsen-Storchschnabel, Filziges Hornkraut, Hechtrose, Herbstanemone, Lavendel, Mediterrane Wolfsmilch, Patagonisches Eisenkraut, Schwertlilie, Spornblume, Staudenlein, Steppensalbei, Zierlauch

Zierpflanzen für ein schattiges Beet mit lehmigem Boden

Elfenblume, Fingerhut, Kerzenknöterich, Maiglöckchen, Pfirsichblättrige Glockenblume, Purpurglöckchen, Salomonssiegel, Schildfarn, Waldgeißbart

Zierpflanzen für ein sonniges bis halbschattiges Beet mit lehmigem Boden

Akelei, Aster, Elfenblume, Elfenkrokus, Felsen-Storchschnabel, Fingerhut, Gartenmelde, Goldlack, Kerzenknöterich, Lenzrose, Narzisse, Pfingstrose, Phlox, Purpurglöckchen, Rosen (zum Beispiel Gallicarose 'Officinalis'), Schlüsselblume, Schneeglöckchen, Sommerknotenblume, Sonnenhut, Staudenwicke, Tulpen, Waldgeißbart, Winterling

Biologische Maßnahmen zur Bodenverbesserung

Es gibt im Handel verschiedene Düngemittel. Ihr Einsatz erfordert Genauigkeit. Denn bei einer Überdüngung wird unserem Boden, Grundwasser und damit dem gesamten Kreislauf unserer Natur geschadet. Meist kann das Wurzelwachstum nach einer Überdüngung nicht mithalten und es bildet sich zu viel Grün. Sanfter sind da natürliche Methoden zur Bodenverbesserung, achte aber auch hier auf maßvolle Gaben, um eine Überdüngung zu vermeiden.

NATÜRLICHER DÜNGER

Für kalkliebende Pflanzen eignet sich ab und an Gießwasser mit zerstoßenen Eierschalen. Lass dazu eine Handvoll davon zwei Wochen im Gießwasser liegen, bevor du es verwendest. Viele Pflanzen mögen Kaffeesatz oder klein geschnittene Bananenschalen als Dünger. Hornspäne, Pferdeäpfel und Kuhmist sind gute natürliche Düngemittel. Bewährt haben sich ebenso Pflanzenjauchen wie die Brennnesseljauche. Sie enthält sowohl Stickstoff als auch Spurenelemente, die Pflanzen für ein gesundes Wachstum brauchen. Eine Herstellungsanleitung dazu findest du auf Seite 154.

GRÜNDÜNGUNG

Gut geeignet zur Bodenverbesserung ist auch die Gründüngung. Dafür werden spezielle, dafür geeignete Pflanzen auf brachliegenden Böden ausgesät. Diese Pflanzen lockern mit ihren Wurzeln den Boden, einige können Stickstoff aus der Luft binden. So verbessert sich der Boden. Durch die Begrünung wird er vor Erosion geschützt und trocknet weniger aus. Nach einiger Zeit werden die Gründungpflanzen untergegraben oder abgemäht und als Mulch liegen gelassen. Die Pflanzenreste dienen Regenwürmern und anderen Kleinstlebewesen als Futter, werden von ihnen zu neuem Humus verarbeitet, und der Nährstoffgehalt des Bodens erhöht sich.

Als Gründünger kannst du Studentenblumen, Klee, Ringelblumen, Gelbsenf, Lupinen und Wicken verwenden.

MULCH

Beim Mulchen wird der Boden mit noch nicht verrottetem organischem Material bedeckt. Das soll zum einen den Boden vor Temperaturschwankungen schützen und seine Feuchtigkeit regulieren. Zum anderen soll durch das langsame Zersetzen des Mulches der Boden mit Nährstoffen und Humus angereichert werden. Einige Mulcharten können auch das Unkrautwachstum etwas eindämmen. Rindenmulch kommt vor allem bei Sträuchern, Hecken und Bäumen zum Einsatz sowie bei Pflanzen, die sauer-humosen Boden lieben.

GEEIGNET SIND:

- Frischer, etwas angetrockneter Rasenschnitt, der bis zu 2 cm dick ausgelegt wird.
- Getrocknete Brennnesseln oder getrockneter Beinwell, die bis zu 10 cm dick ausgelegt werden.
- Etwas angetrocknete Gründüngungspflanzen, die bis zu 10 cm dick ausgelegt werden.
- Zerkleinertes, gut ausgedroschenes Stroh, das bis zu 10 cm dick ausgelegt wird. Der Boden sollte etwas mehr mit Stickstoff gedüngt werden.
- Holzhäcksel vom Baumschnitt, der bis zu 5 cm dick ausgestreut wird. Vorher sollten unbedingt 40–80 g/m² Hornspäne eingearbeitet werden! Der Häcksel entzieht dem Boden sehr viel vom wertvollen Stickstoff.
- Gekaufter Rindenmulch, der bis zu 5 cm dick ausgestreut wird. Wie bei Holzhäckseln muss hier unbedingt mit Hornspänen aufgedüngt werden! Auch Rindenmulch entzieht dem Boden sehr viel Stickstoff.
- Ausgereifter Kompost, der bis zu 1 cm dick ausgestreut wird.

KOMPOST

In der freien Natur wird durch einen ganz natürlichen Stoffkreislauf organisches Restmaterial von Pflanzen gleich an Ort und Stelle in Humus umgewandelt. Beim Anlegen eines Komposthaufens nutzt man diesen biologisch vorbestimmten Prozess. Der entstehende Humus ist ein hervorragender Dünger. Außerdem verbessert das enthaltene organische Material die Struktur des Bodens. Sandiger Boden wird nährstoffreicher und das Speichervermögen von Feuchtigkeit wird erhöht. Lehmiger, schwerer Boden wird luftdurchlässiger und kann so leichter bearbeitet werden.

Platziere deinen Kompost an einem halbschattigen, nicht zu sonnigen Ort. Im Halbschatten unter einem Baum trocknet er nicht so schnell aus. Berechne etwas Platz für Umschichtarbeiten, das Umsetzen des Kompostes und das Durchsieben mit ein. Der Kompost darf nicht auf einer betonierten Fläche stehen. Von unten müssen Regenwürmer und andere Bodenorganismen Zugang haben. Gut eignen sich preiswerte, vorgefertigte Kompostbehälter aus Holz mit einem Kubikmeter Fassungsvermögen.

1. Basis unter dem Kompost – offener gelockerter Gartenboden
2. Grobe Gartenabfälle (Äste, Zweige) als unterste Schicht
3. Gemischte Gartenabfälle – die Rotte ist schon weit fortgeschritten
4. Nach und nach entstehen unterschiedlich reife Schichten mit gemischten Gartenabfällen
5. Abdeckung mit etwas trockenem Gras oder Laub

DAS DARF AUF DEN KOMPOST:

- Organische Gartenabfälle
- Krautige und holzige Pflanzenreste
- Verblühtes
- Obst und Gemüsereste
- Kaffeesatz
- Eierschalen
- Wildkräuter wie Brennnesseln, Schafgarbe, Beinwell und Löwenzahn, sofern sie keine Samenstände tragen

Alles sollte vorher schon relativ klein geschnitten oder gehäckselt sein. Umso schneller findet die Umwandlung zu Humus statt.

DAS DARF NICHT AUF DEN KOMPOST:

- Frischer Rasenschnitt, denn er wird schnell matschig: Er sollte vorher angetrocknet sein und nur in kleinen Mengen auf den Kompost kommen.
- Quecke und Giersch, denn sie überleben im Kompost
- Kranke Pflanzen – sie entsorge ich sicherheitshalber immer über den Hausmüll. Es gibt viele Pilzkrankheiten und Schädlinge, die jahrelang im Kompost überleben können.
- Müll
- Thujaschnitt
- Efeu
- Essensreste
- Grillkohleasche
- Baumholzasche
- Haustierexkremente
- Gekaufte Schnittblumen, da sie mit Pestiziden belastet sind

Gib die einzelnen Zutaten in nicht zu dicken Schichten auf deinen Kompost. Er sollte nicht austrocknen, aber auch nicht zu nass stehen. In 6 bis 12 Monaten ist der Kompost in deinem Garten einsetzbar. Auch wenn er noch nicht ganz reif sein sollte, kannst du ihn schon verwenden. Nicht ganz verrottete Pflanzenteile werden mit einem großen Sieb ausgesiebt. Richtig reifer Kompost ist feinkrümelig und duftet nach Walderde. Er wird als feine Schicht im Garten ausgebracht und untergeharkt.

Einen Ziergarten anlegen und gestalten

Überlege, welchem Zweck dein Garten dienen soll. Dabei spielt es keine Rolle, ob du ihn neu anlegen oder umgestalten möchtest. Dient er dir zur Erholung oder ist er eher dein gärtnerisches Vollzeithobby? Magst du es verspielt oder lieber exakt? Welchen Stil soll dein Garten haben? 3 verschiedene Gartenstile stelle ich dir nun vor.

DER BAUERNGARTEN

Hier wachsen viele bunte Blumen, gemeinsam mit Gemüse, Beerensträuchern und Obstbäumen. Die Beete sind oft mit kleinen Hecken oder Polsterpflanzen eingefasst. Häufig wird der Garten von Weiden- oder Staketenzäunen begrenzt.

Passende Zierpflanzen: Akelei, Allium, Aster, Cosmea, Felsen-Storchschnabel, Frauenmantel, Krokus, Lavendel, Maiglöckchen, Narzisse, Pfingstrose, Phlox, Rose, Sonnenhut, Staudenwicke, Tulpe, Vergissmeinnicht

DER NATURGARTEN

Viele heimische, insektenfreundliche und zum Verwildern geeignete Pflanzen fühlen sich hier wohl. Auch Wildkräuter sind erlaubt, zum Beispiel Wiesensalbei und Schafgarbe. Der Rasen wird zum Kräuterrasen – er wird nicht kurz geschoren und darf blühen. Für viele Gartenbewohner werden Lebensräume geschaffen.

Passende Zierpflanzen: Fingerhut, Jungfer im Grünen, Kerzenknöterich, Narzisse, Patagonisches Eisenkraut, Pfirsichblättrige Glockenblume, Rote Gartenmelde, Salomonssiegel, Schlüsselblume, Schneeglöckchen, Sonnenhut, Staudenwicke, Waldgeißbart, Wildrose, Winterling

DER MODERNE MINIMALISTISCHE GARTEN

Dieser Garten braucht genaue Planung. Er vermittelt mit geometrisch angeordneten Beeten und hochwertigen Stein- und Betonflächen, einem kurz geschorenen Rasen, akkurat geschnittenen Hecken und auffälligen Solitärpflanzen viel Ruhe, Übersichtlichkeit und Konzentration. Dieser Stil passt sehr gut zu einer modernen Architektur.

Passende Zierpflanzen: Allium, Kaiserkrone, Lavendel, Mediterrane Wolfsmilch, Rose, Schwertlilie

Nach den ersten Überlegungen folgt die konkrete Planung: Mache dir einen Plan von oben in der Vogelperspektive. Der lässt sich auf Karopapier mit exakten Bemessungen erstellen. Finde durch genaue Beobachtung heraus, wo sonnenreiche und schattige Plätze liegen, und markiere sie, um später dort die richtigen Pflanzen aussuchen zu können. Überlege, ob du vorhandene Wege nutzen möchtest und wie sie einzelne Bereiche verbinden sollen. Plane hohe und niedrige Gartenpflanzen und kleine Blickachsen ein. Rasenflächen, Hecken, Bäume, Sträucher und geometrisch geschnittene Gehölze lockern eine Ziergartenanlage auf. Ein Garten mit gleichmäßig hohen Pflanzen kann schnell langweilig wirken. Ganz wichtig ist natürlich auch eine kleine Sitzecke, um sich gemütlich von der Gartenarbeit ausruhen zu können.

BLUMENBEETE ANLEGEN

BEREICHE ABSTECKEN

Beginne mit dem Abstecken der Beete und Wege. Miss mit einem Maßband alles genau aus. Ecken werden mit Pflöcken markiert und Seitenkanten mit gespannten Schnüren. Ein rundes Beet legst du dir am besten mit einer langen Schnur an zwei Stäben an, die du wie einen Zirkel verwendest. Grabe die Beete noch einmal um, befreie sie von restlichen Unkräutern und bereite sie für deine Neuanpflanzungen vor.

PFLANZEN AUSSUCHEN

Achte beim Aussuchen der Pflanzen unbedingt darauf, dass sie passende Standortbedingungen bekommen. Schatten- und Waldpflanzen sollten gemeinsam in den Schattenbereich deines Gartens kommen. Sonnen- und trockenheitsliebende Pflanzen möchten in die Sonne. Feuchtigkeitsliebende Pflanzen mögen Teichränder und Bachläufe. Setze hohe Pflanzen im Beet nach hinten, damit niedrigere Pflanzen nicht verdeckt werden.

JAHRESZEITEN BEACHTEN

Überlege dir, wie die Beete im Lauf der Jahreszeiten wirken könnten. Sollen sie gleichmäßig immer ein wenig blühen oder möchtest du Beete, die zu bestimmten Jahreszeiten üppig blühen, in anderen Jahreszeiten dann jedoch grün sind? Frühblüher mit öfter blühenden Rosen kombiniert sind ein gutes Beispiel für immer blühende Beete. Im Frühling blühen zunächst die Frühlingsblumen und mit Beginn des Sommers die Rosen.

FARBGEBUNG

Bei der farblichen Gestaltung sind dir keinerlei Grenzen gesetzt. Der Garten soll dir selbst am besten gefallen und du sollst dich in ihm wohlfühlen. Wenn du es bunt, wild und durcheinander liebst, dann lass es dir von niemandem ausreden. Magst du es am liebsten Ton in Ton, dann entscheide dich für harmonisch passende Farben.

PFLANZEN AUS SAMEN SELBER ZIEHEN

SELBSTAUSSAAT

Es gibt viele Pflanzen, die sich gerne selbst aussäen. Wenn man das möchte, sollte man die trockenen Samenstände so lange wie möglich stehen lassen. Fingerhut, Vergissmeinnicht, Patagonisches Eisenkraut und Pfirsichblättrige Glockenblumen samen sich selbst aus und wandern so gern durch den Garten. Du musst dann nur noch schauen, wo sie nicht bleiben dürfen. Gegebenenfalls kannst du sie später umpflanzen.

DIREKTAUSSAAT INS FREILAND

Nach den Eisheiligen, sobald kein Nachtfrost mehr zu befürchten ist, kannst du die Samen im passenden Abstand direkt an der geeigneten vorbereiteten Stelle im Beet aussäen. Bedecke sie mit Erde und befeuchte alles gut. Sollte es doch noch einmal Nachtfrost geben, kannst du die jungen Keime mit etwas Vlies abdecken. Der Nachteil der Direktaussaat ist, dass diese Pflanzen später blühen als vorkultivierte Pflanzen, die einen großen Vorsprung haben, wenn sie nach den Frösten ins Beet kommen. Kaltkeimer hingegen werden im Herbst direkt gesät.

VORKULTUR AUF DER FENSTERBANK

Durch das Vorziehen im Vorfrühling wachsen die Keimlinge bis zu den Eisheiligen zu kräftigen Pflanzen heran. Für die Vorkultur benötigt man Anzuchterde und Anzuchtschalen oder -töpfchen, die man sich zum Beispiel aus Toilettenpapierrollen selbst anfertigen kann. Die Erde wird in die passenden Behälter gefüllt und etwas angefeuchtet. Dunkelkeimende Samen bedeckt man beim Aussäen mit Erde. Lichtkeimer werden nur leicht auf der Erde angedrückt. Für die Wassergabe feuchtest du die Keimlinge am besten mit einer Sprühflasche an.

Wenn die Keime Blätter zeigen, müssen sie pikiert werden. Versuche, die Keimlinge mit möglichst vielen Wurzeln aus der Anzuchtschale zu entnehmen, und pflanze sie in ein größeres Töpfchen um. Zum Abhärten kannst du sie an frostfreien Tagen für einige Zeit nach draußen stellen. Nach den Eisheiligen kannst du die nun kräftigen Pflanzen in deinen Garten pflanzen.

28

Mein Gartenjahr

UND MEINE LIEBLINGSZIERPFLANZEN IM PORTRÄT

In diesem Kapitel bekommst du Monat für Monat einen kleinen Überblick, welche Gartenpflegearbeiten du im Ziergarten durchführen solltest und welche Pflanzen nun gepflanzt, geteilt, umgesetzt oder gesät werden können. Passend zum Monat findest du jetzt blühende Pflanzen im Porträt. Von den meisten Zierpflanzen gibt es viele unterschiedliche Sorten, die sich oft nicht nur in Form und Farbe unterscheiden. Um den Rahmen nicht zu sprengen, habe ich mich immer auf meine Lieblingssorten bezogen und gebe dir entsprechende Sortenempfehlungen. Meine Beschreibungen sollen es dir ein wenig erleichtern, Pflanzen nach Standort, Lichtverhältnissen, Farbe, Form und Blütezeit zu kombinieren, sodass du zu jeder Jahreszeit blühende Bereiche in deinem Garten hast. In diesem Kapitel gibt es auch Platz auf leeren Notizseiten, um deine eigenen Beobachtungen oder Pläne zu notieren.

Januar

WAS IST ZU TUN?

TRÄUMEN UND PLANEN

Eine der schönsten Beschäftigungen am Anfang des neuen Gartenjahres ist es natürlich, vom Frühling zu träumen, Gartenbücher und Pflanzenkataloge zu studieren, Neues für den Garten zu planen und Pflanzenwunschlisten zu erstellen.

ERSTE SCHNEEGLÖCKCHEN

Schaue immer wieder nach, ob schon die ersten Schneeglöckchen aus der hart gefrorenen Erde gucken, und erfreue dich dann an den kleinen grünen Spitzen.

WINTERSCHUTZ KONTROLLIEREN

Wenn Barfrost angesagt ist, sollte der Winterschutz kontrolliert werden. Decke gegebenenfalls frostempfindliche Pflanzen mit Laub oder Tannengrün noch einmal extra ab.

SCHNEE ENTFERNEN

Nach starkem Schneefall besteht die Gefahr von Schneebruch. Dann ist es besser, mit einem langen Stiel vorsichtig den Schnee von empfindlichen Rosen, Sträuchern und Nadelgehölzen zu entfernen. Es könnten sonst einzelne Äste oder auch ganze Kronen von Kletterrosen abbrechen.

VÖGELN HELFEN

Im Januar sollten auch die Vögel nicht vergessen werden. Sie bedanken sich für ein gut gefülltes Futterhäuschen und helfen dir dafür in der warmen Jahreszeit bei der Tilgung von Schädlingen in deinem Garten.

Deine To-dos

Schneeglöckchen

Sortenempfehlung:
Galanthus nivalis (Wildform)

Amaryllisgewächse *Amaryllidaceae*

ausdauernde, krautige Pflanze

endständige, nickende, weiße Glöckchen mit grüner Zeichnung auf den inneren Blütenblättern

Januar bis März

Kapselfrüchte mit Samen; Zwiebel als Überdauerungsorgan; Vermehrung durch Tochterzwiebeln und durch Samen; Selbstaussaat möglich

graugrün; verwelkt nach der Blütezeit und wird danach entfernt

ca. 10 cm hoch

ca. 5 cm breit; zum Verwildern geeignet; teppichbildend

ca. 5 cm

Zwiebeln von September bis November setzen

durchlässig, locker, lehmig

halbschattig oder schattig

Gehölzrand, Rosenbeet, Staudenbeet, Wildwiese, naturnahes Beet

sehr winterhart

Grauschimmel; Wühlmäuse

hochgiftig

Schneeglöckchen liefern schon im Winter die erste Nahrung für Insekten. Eine kleine Frühlingsvorfreude fürs Zimmer sind ein paar abgeschnittene, duftende Blütenstängel in einer kleinen Glasvase.

Schneeglöckchen sind ein schöner Bodendecker und zeigen das Erwachen des Gartens nach der Winterpause an. Die kleinen zarten Glöckchen trotzen Schnee und Eis und schieben sich unaufhaltsam durch die Erde. Am schönsten wirken sie, wenn sie sich in großen Gruppen um die noch kahlen Sträucher versammeln. Für diese Teppichbildung sind Ameisen verantwortlich. Wenn sie den Schneeglöckchensamen auf dem Weg zu ihrem Bau verlieren, sorgen sie dafür, dass sich die Schneeglöckchen weiter ausbreiten können. Auch durch die Vermehrung der Tochterzwiebeln wird der Teppich immer dichter, sodass selten Unkraut durchkommt.

Februar

WAS IST ZU TUN?

PFLANZEN VON LAUB BEFREIEN

Der Garten schläft im Februar nicht mehr wirklich. Bald blühen die Winterlinge und Krokusse. Damit sie gut zur Geltung kommen, sollten sie nun schon von herumliegendem Laub befreit werden. Dabei muss man aber vorsichtig sein und anderen frostempfindlichen Pflanzen ihren Schutz lassen. Sie brauchen ihn noch eine Weile.

BEETE ANLEGEN

Bei frostfreiem Wetter können neu geplante Beetanlagen in Angriff genommen werden. Du kannst sie schon ausmessen, Rasensoden entfernen und umgraben.

TULPENZWIEBELN NACHPFLANZEN

Wenn das Wetter es zulässt, und die Erde frostfrei ist, kannst du sogar noch ein paar Tulpenzwiebeln nachpflanzen. Allerdings musst du sehr vorsichtig mit ihnen umgehen. Sie beginnen bald zu treiben und sind sehr verletzlich.

PFLANZEN BESCHNEIDEN

Wildrosen sind sehr winterhart und können bereits etwas ausgelichtet werden. Das schadet ihnen nicht und du hast später nicht mehr so sehr viel zu tun, wenn alle anderen Rosen beschnitten werden wollen. Auch Hecken und Sträucher können jetzt stärker geschnitten werden.

BLÄTTER ENTFERNEN

Alte Samenstände von Stauden und auch altes Laub, wie zum Beispiel die vorjährigen Blätter der Lenzrosen, kannst du nun ruhig entfernen. Sie sind meist unansehnlich und die Blüten kommen dann viel besser zur Geltung. Außerdem lässt sich dadurch die Schwarzfleckenkrankheit gut eindämmen.

VORANZUCHT

Ende Februar kannst du die ersten einjährigen Sommerblumen auf der Fensterbank oder im Gewächshaus aussäen und so Jungpflanzen vorziehen. Dazu sind Eierkartons gut geeignet.

VORBESTELLUNGEN TÄTIGEN

Neue Pflanzen, die du im März gerne pflanzen möchtest, solltest du gegebenenfalls in Staudengärtnereien und Baum- und Rosenschulen vorbestellen.

Deine To-dos

Winterling

Sortenempfehlung:
Eranthis hyemalis (Wildform)

- Hahnenfußgewächse *Ranunculaceae*
- ausdauernde krautige Pflanze
- endständige, schalenförmige, schwefelgelbe Blüten
- Februar bis März
- Balgfrüchte mit Samen; Sprossknolle als Überdauerungsorgan; Vermehrung durch Samen; Selbstaussaat möglich
- grün; verwelkt nach der Blütezeit und wird danach entfernt
- ca. 10 cm
- ca. 5 cm breit; zum Verwildern geeignet; teppichbildend
- ca. 5 cm
- Knollen von September bis November setzen
- durchlässig, locker, lehmig
- halbschattig
- Gehölzrand, Rosenbeet, Wildwiese, naturnahes Beet
- sehr winterhart
- Rostpilze
- hochgiftig
- Wichtiger Frühblüher für Insekten. Selbst ausgesäte Winterlinge blühen erst nach 3–4 Jahren.

Im Februar und manchmal sogar schon im Januar schaut der Winterling aus der Erde. Mit Schnee hat er kein Problem. Ganz im Gegenteil, im Schnee sehen die kleinen gelben Frühblüher richtig fröhlich aus und lassen sich von der Kälte kaum aufhalten. Winterlinge liefern als eine der ersten Pflanzenarten im Jahr Nektar und Pollen. An sonnigen Wintertagen kannst du schon die ersten Besucher beobachten. Im Sommer zieht sich die Pflanze komplett in die Erde zurück. Den Boden solltest du an dieser Stelle am besten nicht mit der Hacke bearbeiten. Das mag der Winterling gar nicht. Wenn du ihn in Ruhe lässt, wird er sich mit den Jahren immer mehr ausbreiten und bildet im Winter besonders unter Gehölzen wunderschöne gelbe Teppiche.

Elfenkrokus

Sortenempfehlung:
Crocus tommasinianus 'Ruby Giant'

Schwertliliengewächse *Iridaceae*

ausdauernde krautige Pflanze

kelchförmige, violette Einzelblüten

Februar bis März

Kapselfrüchte mit Samen; Knolle als Überdauerungsorgan; Vermehrung durch Tochterknollen und durch Samen; Selbstaussaat möglich

grün mit weißem Streifen in der Mitte; verwelkt nach der Blütezeit und wird danach entfernt

ca. 10 cm hoch

ca. 5 cm breit; zum Verwildern geeignet; teppichbildend

ca. 5 cm

Knollen von September bis November setzen

durchlässig, locker, lehmig, trocken

sonnig oder halbschattig

Gehölzrand, Staudenbeet, Wildwiese, naturnahes Beet

winterhart

Wühlmäuse

hochgiftig

Bunt gemischt auf einem Beet mit Schneeglöckchen und Winterlingen zusammen sehen die Elfenkrokusse besonders hübsch aus. Sie spenden reichlich Pollen und Nektar.

Wer einmal eine Wiese gesehen hat, auf der Hunderte dieser zarten und feinen Elfenkrokusse blühen, möchte sie auch im Garten haben. Sie zeigen sich relativ früh und leuchten einem oft schon im Februar, wenn im Garten fast alles noch schläft, fröhlich entgegen. Du kannst sie gut zur Gestaltung naturnaher Gartenanlagen verwenden. Unter Gehölzen verwildern sie sehr gern und bilden schnell größere Teppiche. Wenn du sie auf einer Wiese gepflanzt hast, warte mit dem ersten Mähen, bis die Krokusblätter nach der Blütezeit verwelkt sind. Die Nährstoffe aus ihren Blättern müssen sich erst vollständig in die Krokusknollen zurückziehen. Diese Knollen bilden jedes Jahr viele Tochterknollen und sorgen so für eine schnelle Ausbreitung der Elfenkrokusse.

März

WAS IST ZU TUN?

WINTERSCHUTZ ENTFERNEN

Der Frühling ist da und man merkt, die März-sonne hat schon viel Kraft. Der Winterschutz von Rosen und Stauden kann nun entfernt werden.

ROSEN ZURÜCKSCHNEIDEN

Spätestens wenn die Forsythien blühen, beginne mit dem Rückschnitt der Rosen. Diese sollten nicht nur außen herum geschnitten werden. Du kannst sie auslichten und zu eng wachsende Zweige herausschneiden. Jetzt beginnt die Hauptbrutzeit der Vögel, ein starker Hecken- oder Strauchschnitt muss daher in den Spätherbst verschoben werden.

PFLANZEN UND UMSETZEN

Im März beginnt die Zeit des Pflanzens und Umpflanzens. Neue Rosen können in die vorbereiteten Beete gepflanzt und alte Rosen können umgesetzt werden. Stauden, die noch in diesem Jahr blühen sollen, müssen jetzt in die Erde.

TEILEN

Das Teilen einiger Stauden, wie Astern, Purpurglöckchen und Elfenblumen, lässt sich am besten jetzt erledigen. Allerdings sollte das für die im Frühsommer blühenden Schwertlilien erst nach der Blütezeit geschehen.

DÜNGEN

Die Rosen würden sich über eine Handvoll Hornspäne freuen. Spätestens jetzt kann man auf die Beete eine feine Schicht frischen Kompost ausbringen.

BLUMEN AUSSÄEN

Weitere Sommerblumen kannst du nun in Vorkultur auf der Fensterbank oder im Gewächshaus aussäen.

WASSER AUFFÜLLEN

Gesäuberte Vogeltränken sollten für unsere gefiederten Gartenhelfer nun jeden Tag frisches Wasser enthalten.

Deine To-dos

Lenzrose

Sortenempfehlung:
Helleborus x orientalis 'White Spotted Lady'

Hahnenfußgewächse *Ranunculaceae*

ausdauernde krautige Pflanze

endständige, schalenartige, weiße Einzelblüten mit weinroten Sprenkeln

Februar bis April

Balgfrüchte mit Samen; Rhizome als Überdauerungsorgan; Vermehrung durch Teilung der Rhizome und durch Samen; Selbstaussaat möglich

dunkelgrün; keine Herbstfärbung; wintergrün

ca. 30 cm hoch

ca. 50 cm breit; horstiger Wuchs

ca. 50 cm

von Frühling bis Herbst

durchlässig, locker, lehmig, feucht

sonnig oder halbschattig

Gehölzrand, Wildstaudenbeet, naturnahes Beet

bedingt winterhart: Pflanzen mit Tannenreisig vor Kahlfrösten schützen

Schwarzfleckenkrankheit

giftig

Altes, braun geflecktes Laub solltest du schnellstmöglich abschneiden und entfernen. Die Lenzrose hat dann wahrscheinlich die Schwarzfleckenkrankheit. Wenn sich diese über die ganze Pflanze ausbreitet, könnte sie eingehen.

Die Lenzrose wird auch Nieswurz genannt und es gibt sie in vielen verschiedenen Sorten. *Helleborus x orientalis* ist reinweiß. Aber sie kommt in Gärten eher selten vor. Dort siehst du meist Orientalis-Hybriden von unterschiedlichen Eltern. Helleboren haben Suchtpotenzial. Es gibt sie in den unterschiedlichsten Färbungen, Musterungen und Formen. Gerüscht, einfach, gefüllt, gepunktet, grün, gelbgrün, weiß, rosa oder weinrot. Die Variationen sind unendlich. Einfachblühende Formen sind für Bienen und Hummeln eine wichtige Nahrungsquelle. Teilen lassen sich Lenzrosen am besten im Frühling.

Sibirischer Blaustern

Sortenempfehlung:
Scilla siberica (Wildform)

- Spargelgewächse *Asparagaceae*
- ausdauernde krautige Pflanze
- lockerer, traubenartiger Blütenstand mit dunkelblauen, becherförmigen Blüten
- März bis April
- Kapselfrüchte mit Samen; Zwiebel als Überdauerungsorgan; Vermehrung durch Brutzwiebeln und durch Samen; Selbstaussaat möglich
- grün; verwelkt nach der Blütezeit und wird danach entfernt
- ca. 10 cm hoch
- ca. 10 cm breit; zum Verwildern geeignet; teppichbildend
- ca. 10 cm
- Zwiebeln von September bis November setzen
- durchlässig, locker, lehmig
- sonnig oder halbschattig
- Gehölzrand, Staudenbeet, Wildwiese, naturnahes Beet
- winterhart
- Zwiebelfäule; Rostbefall
- hochgiftig
- Blausternchen liefern im Frühling Pollen und Nektar. Im Herbst kann man sie durch Teilen der Brutzwiebeln auch selbst vermehren.

Der Sibirische Blaustern wird auch Sibirische Sternhyazinthe genannt. Im Frühling triffst du oft in Parks unter ausladenden Bäumen auf große Ansammlungen der blauen nickenden Blütenglöckchen. Solche feinen Blumen wirken besonders als Teppiche auf Rasenflächen unter Gehölzen. Wie auch beim Schneeglöckchen helfen ihnen fleißige Ameisen beim Verwildern und Ausbreiten. Sich vermehrende Tochterzwiebeln sorgen für die nötige Dichte der hübschen blauen Teppiche.

Mediterrane Wolfsmilch

Sortenempfehlung:
Euphorbia characias ssp. wulfenii (Wildform)

Wolfsmilchgewächse *Euphorbiaceae*

ausdauernde krautige Pflanze mit verholzender Basis; Halbstrauch

mehrstrahlige Trugdolden mit extrem reduzierten, grünlich-gelben Blüten

März bis Juni

kugelige Kapseln mit Samen; Vermehrung durch Teilung, Stecklinge und Samen; Selbstaussaat möglich

graugrün; keine Herbstfärbung; wintergrün

bis zu 100 cm hoch

ca. 70 cm breit; strauchiger, horstiger Wuchs

ca. 70 cm

im Frühling, damit sie vor dem Winter gut einwurzeln kann

durchlässig, locker, sandig, trocken

sonnig

Steingarten, Staudenbeet, Bauerngarten

bedingt winterhart: Pflanzen mit Tannenreisig vor Kahlfrösten schützen

Echter Mehltau; Rost; Blattläuse

hochgiftig

Den Namen Wolfsmilch verdankt sie dem weißen milchigen Saft, der schon bei kleinsten Verletzungen der Pflanze hervorquillt. Dieser ist stark hautreizend und ätzend. Man sollte hier wirklich nur mit Handschuhen arbeiten.

Obwohl die Mediterrane Wolfsmilch aus dem Mittelmeerraum stammt, habe ich sie das erste Mal in englischen Gärten im Südosten Großbritanniens gesehen. Dort wuchsen riesige Euphorbien. Diese Pflanzen kannte ich bis dahin nur als kleines Gartenunkraut und hätte mir nie vorstellen können, wie unglaublich attraktiv Wolfsmilch als großer Busch wirken kann. Sie sollte am besten an einer geschützten Stelle, wie zum Beispiel an einer warmen Mauerwand, stehen. Ihr leichter Honigduft zieht viele Insekten zur Bestäubung an.

April

WAS IST ZU TUN?

UNKRAUT JÄTEN

Das Unkraut wächst immer schneller als alles andere. Es sollte regelmäßig gejätet werden, sodass es gar nicht erst Samen entwickeln und sich weiter verbreiten kann.

RASENPFLEGE

Nun ist die beste Zeit, um den Rasen zu düngen, zu vertikutieren, ihn gegebenenfalls zu reparieren und neue Samen auszustreuen. Du kannst den Rasenmäher hervorholen, schauen, ob an ihm alles in Ordnung ist, und natürlich das erste Mal den Rasen mähen.

NEUE BEETE ANLEGEN

Du kannst neue Blumenbeete anlegen. Pass aber auf, dass sie nicht hügelartig werden. Sonst läuft die Feuchtigkeit in den Außenbereich. Nur bei Steingärten ist eine Anlage als Hügel eine gute Idee. Der obere Bereich bleibt dann schön trocken und ist optimal für Steingartenpflanzen geeignet.

PFLANZEN, SÄEN UND PIKIEREN

Du kannst Stauden und Rosen pflanzen. Einjährige Sommerblumen können ins Freiland gesät oder gepflanzt werden. Die ersten früh ausgesäten Blumen, die sich schon zeigen, solltest du vereinzeln.

AUSLICHTEN UND BESCHNEIDEN

Rosen und Sträucher können ausgelichtet und beschnitten werden. Du kannst auch beginnen, die ersten Hecken etwas in Form zu bringen, wenn dabei keine nistenden Vögel gestört werden.

BLÄTTER STEHEN LASSEN

Wenn du Frühlingsblumen wie Tulpen und Narzissen für die Vase schneiden möchtest, lass ihre Blätter stehen. Die brauchen sie, um Kraft zu tanken. Erst wenn die Blätter verwelkt sind, haben ihre Zwiebeln alle Nährstoffe aus ihnen herausgezogen.

Deine To-dos

Echte Schlüsselblume

Sortenempfehlung:
Primula veris (Wildform)

- Primelgewächse *Primulaceae*
- ausdauernde krautige Pflanze
- endständiger, doldenartiger Blütenstand mit röhrenförmigen, gelben Blüten
- April bis Mai
- Kapselfrüchte mit Samen; Rhizome als Überdauerungsorgan; Vermehrung durch Teilung der Rhizome und durch Samen; Selbstaussaat möglich
- hellgrün; verwelkt im Herbst und kann danach entfernt werden
- ca. 20 cm hoch
- ca. 20 cm breit; horstiger Wuchs
- ca. 20 cm
- von Frühling bis Herbst
- durchlässig, locker, lehmig
- sonnig oder halbschattig
- Gehölzrand, Steingarten, Bauerngarten, naturnahes Beet
- sehr winterhart
- Schnecken; Blattläuse; Dickmaulrüssler; Primelwurzelläuse
- nicht giftig
- Schlüsselblumen halten sich ausgezeichnet in der Vase. Mit ein paar kleinen Birkenzweigen zusammen hast du eine hübsche Osterdekoration.

Die Schlüsselblume ist eine alte Apothekerpflanze und wurde schon im Mittelalter als Heilpflanze verwendet. Sie eignet sich zum Verwildern. Im Frühjahr zeigen sich ihre hübschen, sonnig gelben Blüten und sorgen für gute Laune. Schlüsselblumen mögen einen sonnigen oder halbschattigen Standort unter Gehölzen sowie in offenen Steingärten oder auf Freiflächen und Wiesen. Durch Selbstaussaat vermehren sie sich zuverlässig und entwickeln sich zu üppigen Horsten mit vielen Blütenständen.

Traubenhyazinthe

Sortenempfehlung:
Muscari botryoides 'Superstar'

Spargelgewächse *Asparagaceae*

ausdauernde krautige Pflanze

lockerer, traubenartiger Blütenstand mit kleinen, azurblauen Blüten

März bis Mai

Kapseln mit Samen; Zwiebel als Überdauerungsorgan; Vermehrung durch Teilung der Tochterzwiebeln und durch Samen; Selbstaussaat möglich

grün; verwelkt nach der Blütezeit und wird danach entfernt

ca. 20 cm hoch

ca. 10 cm breit; horstiger Wuchs; zum Verwildern geeignet; teppichbildend

ca. 10 cm

Zwiebeln von September bis November setzen

durchlässig, locker, lehmig

sonnig oder halbschattig

Gehölzrand, Staudenbeet, Blumenrabatte

sehr winterhart

Schnecken

giftig

Sehr beliebt bei Bienen und anderen Insekten. Für den Winter vorgetriebene Muscari-Töpfchen kannst du nach dem Verblühen im Garten auspflanzen.

Das Blau der Traubenhyazinthen ist im Garten doch immer etwas ganz Besonderes. Als ob sich das Himmelsblau ein wenig im Garten spiegelt. Wenn du sie in Ruhe lässt, können sie sich ungestört entwickeln. Sie bilden mit der Zeit hübsche kleine Pflanzentuffs, die sich sehr gut in ein farbenfrohes und fröhliches Frühlingsbeet einfügen. In kleinen Grüppchen wirken sie einfach am schönsten.

Gartenhyazinthe

Sortenempfehlung:
Hyacinthus orientalis ‘Pink Pearl’

- Spargelgewächse *Asparagaceae*
- ausdauernde krautige Pflanze
- traubenartiger Blütenstand mit rosa Glöckchen
- März bis Mai
- Kapseln mit Samen; Zwiebel als Überdauerungsorgan; Vermehrung durch Brutzwiebeln und durch Samen
- maigrün; verwelkt nach der Blütezeit und wird danach entfernt
- ca. 25 cm hoch
- ca. 15 cm breit; horstiger Wuchs
- ca. 15 cm
- Zwiebeln von September bis November setzen
- durchlässig, locker, lehmig, trocken
- sonnig
- Gehölzrand, Staudenbeet
- winterhart
- Schnecken; Wühlmäuse; Grauschimmel
- giftig
- Ganz zauberhaft wirken Gartenhyazinthen in einem hellblauen Teppich von Vergissmeinnicht.

Vorgetriebene Gartenhyazinthen werden oft schon mitten im Winter angeboten. Sie machen sich natürlich wunderschön als erster Frühlingsgruß in der Wohnung. Aber wohin mit all den vorgetriebenen Hyazinthen, wenn sie verblüht sind? Die beste Idee ist dann wohl, sie einfach mit ins Staudenbeet zu pflanzen und sich im nächsten Frühling zu ihrer eigentlichen Blütezeit über sie zu freuen.

Elfenblume

Sortenempfehlung:
Epimedium x versicolor 'Sulphureum'

- Berberitzengewächse *Berberidaceae*
- ausdauernde krautige Pflanze
- traubenartiger, rispenartiger Blütenstand mit kleinen, schwefelgelben Blüten
- April bis Mai
- Kapseln mit Samen; Rhizome als Überdauerungsorgan; Vermehrung durch Teilung der Rhizome
- grün bis rotbraun; wintergrün
- ca. 30 cm hoch
- ca. 30 cm breit; zum Verwildern geeignet; teppichbildend
- ca. 30 cm
- von Frühling bis Herbst
- durchlässig, locker, lehmig, feucht
- halbschattig oder schattig
- Gehölzrand, Staudenbeet, naturnahes Beet
- winterhart
- Blattfleckenpilze; Dickmaulrüssler
- leicht giftig
- Diese Elfenblumensorte kannst du um einen großen Laubbaum herumpflanzen. Dann hast du im Herbst einen praktischen Laubschlucker und musst weniger harken.

Die Blüten der Elfenblumen sind unglaublich fein und elfenhaft. Sie scheinen über ihrem Laub zu schweben und fangen an zu tanzen, sobald ein Wind aufkommt. Auch ihr Laub ist sehr dekorativ. Die Elfenblume bildet mit der Zeit durch Rhizome große, kissenartige Teppiche, die im Winter ihren Blattschmuck behalten.

Im lichten Halbschatten fühlt sie sich sehr wohl, unterdrückt Unkraut und verschluckt so einiges vom im Garten anfallenden Herbstlaub. Elfenblumen sind robust und pflegeleicht. Die gelben Blüten der *Epimedium x versicolor* 'Sulphureum' passen wunderbar zu blauen Traubenhyazinthen und verschiedenen Tulpensorten.

Goldlack

Sortenempfehlung:
Erysimum-Hybride 'Bowles Mauve'

Kreuzblütler *Brassicaceae*

zweijährige krautige Pflanze mit schwach verholzender Basis, die in geschützter Lage auch mehrjährig sein kann

endständiger, traubenartiger Blütenstand mit vielen violetten Einzelblüten

April bis Juni, Nachblüte bis Oktober

Schoten mit Samen; Vermehrung durch Stecklinge und durch Samen

graugrün bis dunkelgrün; keine Herbstfärbung; wintergrün

ca. 50 cm hoch

ca. 40 cm breit; strauchartiger Wuchs

ca. 40 cm

im Frühling (frostempfindlich)

durchlässig, locker, lehmig, trocken, kalkhaltig

sonnig

Rosenbeet, Staudenbeet, Bauerngarten

bedingt winterhart: Pflanzen mit Tannenreisig vor Kahlfrösten schützen

Kohlhernie

hochgiftig

In England wird der Goldlack „Wallflower" genannt. Man pflanzt ihn dort oft an Mauern. Solche geschützten Standorte mag er am liebsten.

Der Goldlack, *Erysimum cheiri*, blüht goldgelb, es gibt aber auch Hybriden in vielen anderen, oft sehr kräftigen Farbtönen, sodass man sich kaum entscheiden kann. Seine intensive Farbgebung passt sehr gut zu verschiedenen Tulpenfarben. Goldlack blüht noch einmal nach, wenn du das Verblühte nach der ersten Hauptblütezeit schneidest. So schmückt er im April die Tulpen und ab Juli die Rosen als Begleitpflanze. Goldlack mag keine strengen Winter, kann aber, wenn er ordentlich Winterschutz bekommt und geschützt steht, durchaus ein bis zwei Winter überstehen. Durch Stecklinge kannst du ihn vermehren. Dann hast du immer wieder Goldlacknachschub in deinem Garten.

Tulpe

Sortenempfehlung:
Tulipa 'Marilyn'

Liliengewächse *Liliaceae*

ausdauernde krautige Pflanze

endständige, weiße Blütenkelche; Blütenfarbe mit rosa Streifen; spitz zulaufende Kelchblätter

April bis Mai

Kapseln mit Samen; Zwiebel als Überdauerungsorgan; Vermehrung durch Tochterzwiebeln und durch Samen

grün; verwelkt nach der Blütezeit und wird danach entfernt

ca. 40 cm hoch

ca. 10–15 cm breit; höhere Einzelblumen

ca. 15 cm

Zwiebeln von September bis November setzen

durchlässig, locker, lehmig

sonnig

Staudenbeet, Bauerngarten, Blumenrabatte

winterhart

Schnecken; Wühlmäuse

giftig

Achte beim Tulpenzwiebelkauf darauf, dass du früh und auch später blühende Tulpen aussuchst. Dadurch erfreust du dich eine längere Zeit an ihrer Blüte.

Es gibt so viele verschiedene Tulpen, dass es schwer ist, beim Aufzählen eine Form oder Farbe nicht zu vergessen. Du hast die Auswahl zwischen einfachen, gefüllten, gefransten, lilien-, grün- und großblütigen, papageienartigen, einfarbigen, zweifarbigen und gestreiften Tulpen, wie die rot-weiße 'Marilyn'. Eins haben sie aber alle gemeinsam: Sie sind Zwiebelgewächse. Einige Tulpenarten blühen viele Jahre immer wieder. Aber bei etlichen Tulpen-Hybriden werden die Blüten mit der Zeit kleiner. Deren Zwiebeln sollten nach der Blütezeit herausgenommen werden. Gleichzeitig kannst du sie nach Tochterzwiebeln absuchen. Die Zwiebeln und Tochterzwiebeln werden bis September trocken gelagert. Im September bis November werden sie genau wie neue Zwiebeln wieder eingepflanzt.

Weiße Narzisse

Sortenempfehlung:
Narcissus poeticus 'Actaea'

Amaryllisgewächse *Amaryllidaceae*

ausdauernde krautige Pflanze

endständige, weiße Blüten mit einer gelborangen, kronenartigen Mitte

April bis Mai

Kapseln mit Samen; Zwiebel als Überdauerungsorgan; Vermehrung durch Brutwiebeln und durch Samen

graugrün; verwelkt nach der Blütezeit und wird danach entfernt

ca. 40 cm hoch

ca. 10 cm breit; zum Verwildern geeignet

ca. 15 cm

Zwiebeln von September bis November setzen

durchlässig, locker, lehmig, feucht

sonnig oder halbschattig

Wiese, Staudenbeet, Blumenrabatte, naturnahes Beet

sehr winterhart

Narzissenfliegen

hochgiftig

Pflanze die Zwiebeln am besten an den Rand deiner Wiese. Dann kannst du die Wiese schon eher mähen und das Stück mit den Narzissen so lange in Ruhe lassen, bis das Laub abgestorben ist.

Diese Narzisse wird auch Dichternarzisse genannt. Der Name passt sehr gut. Was für eine feine zarte Blüte! Da möchte man wirklich dichten können. Die Dichternarzisse sollte eigentlich in keinem Garten fehlen. Sie eignet sich zum Verwildern auf Wiesen, unter Bäumen und Sträuchern. Die Wiesen sollten jedoch relativ feucht sein. Trockenheit mag sie nicht so. Sehr wichtig ist, dass Wiesen mit Narzissen erst gemäht werden sollten, wenn die Blumen verblüht sind und ihr Laub deutlich verwelkt ist. Die Nährstoffe der Blätter ziehen sich dann in die Zwiebel der Narzisse zurück. Die Pflanze braucht sie, um im nächsten Jahr wieder kräftig zu blühen. Hab also etwas Geduld und hol den Rasenmäher erst nach dem Verwelken des Laubes heraus.

Kaiserkrone

Sortenempfehlung:
Fritillaria imperialis 'Rubra Maxima'

- Liliengewächse *Liliaceae*
- ausdauernde krautige Pflanze
- orangerote, hängende, glockenartige Blüten bilden einen Scheinquirl
- April bis Mai
- Kapseln mit Samen; Zwiebel als Überdauerungsorgan; Vermehrung durch Tochterzwiebeln und durch Samen
- maigrün; verwelkt nach der Blütezeit und wird danach entfernt
- je nach Sorte 60–100 cm hoch
- ca. 20 cm breit; horstiger Wuchs
- ca. 30 cm
- Zwiebeln von August bis September setzen
- durchlässig, locker, lehmig
- sonnig
- Bauerngarten, Staudenbeet, Blumenrabatte
- sehr winterhart
- Lilienhähnchen
- hochgiftig
- Kaiserkronen lassen sich nicht gern verpflanzen. Es könnte sein, dass sie im Folgejahr nicht blühen.

Diese Pflanze hat einen wirklich passenden Namen. Darin spiegelt sich ihr eigenartiges und exotisches Aussehen wider. Eher langweiligen Gartenecken gibt sie ein besonderes und etwas tropisches Flair. An einem sonnigen, freien Platz gedeiht sie wunderbar. Sie braucht wenig Pflege und kommt jedes Jahr wieder. Obwohl ihre Farbe kräftig orange ist, passt die Kaiserkrone gut zu farblich auf sie abgestimmten Tulpensorten, weißen Narzissen und vor allem zum Himmelblau vom Vergissmeinnicht. Es können fröhliche Kombinationen entstehen, die sich perfekt in einen Bauerngarten einfügen.

Sommerknotenblume

Sortenempfehlung:
Leucojum aestivum 'Gravetye Giant'

Amaryllisgewächse *Amaryllidaceae*

ausdauernde krautige Pflanze

mehrere weiße Glöckchen in einem Blütenstand, die Blütenblätter haben einen grünen Punkt in der Spitze

April bis Mai

Kapseln mit Samen; Zwiebel als Überdauerungsorgan; Vermehrung durch Tochterzwiebeln und durch Samen

grün; verwelkt nach der Blütezeit und wird danach entfernt

ca. 60 cm hoch

ca. 25 cm breit; horstiger Wuchs

ca. 25 cm

Zwiebeln von September bis November setzen

durchlässig, locker, lehmig, feucht, nass

sonnig oder halbschattig

Gehölzrand, Staudenbeet, Wasserrand

winterhart

Narzissenfliege; Wühlmäuse

giftig

Die Sommerknotenblume ist eine tolle Schnittblume. Sie lässt sich gemeinsam mit Tulpen und Narzissen zu wunderschönen Frühlingssträußen binden.

Die Sommerknotenblume kann man aufgrund der großen Ähnlichkeit leicht mit dem Märzenbecher verwechseln. Ihre Blüten sind jedoch etwas kleiner und sie kann bis zu 60 cm hoch werden. Außerdem wachsen aus einem Blütenstand bis zu 7 Blüten.

Sie mag es gern feucht und ist dadurch eine ideale Teichrandbepflanzung. Aber auch an Gehölzrändern, wo sich die Feuchtigkeit im Schatten lange halten kann, entwickelt sie sich gut.

Mai

WAS IST ZU TUN?

PFLANZEN

Du kannst im Mai durchaus noch vieles einpflanzen, solltest aber Rosen und Stauden nur noch als Containerpflanzen mit Wurzelballen in die Erde setzen. Wurzelnackte Rosen ohne Topf würden es nicht mehr schaffen, vor den trockenen Sommermonaten richtig einzuwurzeln.

LÜCKEN FÜLLEN

Einjährige Sommerblumen können überall in den Beeten als Lückenfüller gepflanzt werden. Erst im Mai, nachdem alle Pflanzen richtig groß und grün geworden sind, kann man sehen, wo überhaupt noch Platz ist. Reine Frühlingsblumenbeete eignen sich dafür besonders. Die Frühblüher verlieren bald ihr Laub und dann können durchaus ein paar leere Stellen im Beet entstehen.

AUSSÄEN

Goldlack, Glockenblumen, Akelei und Fingerhut kannst du schon für das nächste Jahr aussäen. Empfindliche, vorkultivierte, einjährige Sommerblumen können ab Mitte Mai, nach den Eisheiligen, in den Garten gepflanzt werden.

ANGIEßEN

Du solltest alle Neupflanzungen ausreichend angießen, um ihnen einen guten Start in den Sommer zu ermöglichen.

ROSEN PFLEGEN

Kontrolliere deine Rosen. Behandle Sternrußtau und Echten Mehltau gegebenenfalls mit natürlichen Mitteln. Schneide vom Rosentriebbohrer und der Rosenblattrollwespe befallene Triebe und Blätter heraus. Wilde Triebe kannst du einfach abtrennen. Versuche, Blattläuse zu ignorieren. Es gibt viele Nützlinge, die sich über diese sehr freuen. Wenn es dir aber zu viele sind, versuche, sie auf so natürliche Weise wie möglich loszuwerden.

VERBLÜHTES ABSCHNEIDEN

Schneide verblühten Tulpen und Narzissen die Samenstände ab. Um alle Nährstoffe in ihre Zwiebeln zurückzuschicken, dürfen sie keine Kraft für die Reifung der Samen verschwenden.

ENTSPITZEN

Phlox kannst du gegebenenfalls entspitzen, damit er mehr Triebe bekommt und buschiger wächst.

GENIEßEN

Bei all der vielen Arbeit denke auch daran, dich an deinem Garten zu erfreuen. Der Wonnemonat Mai ist wohl der schönste Monat in Mitteleuropa. Alles duftet so herrlich, ist so frisch und grün – maigrün eben – und so viele zauberhafte Blumen blühen, da muss man einfach auch mal innehalten.

Deine To-dos

Zierlauch

Sortenempfehlung:
Allium-Hybride 'Globemaster'

Amaryllisgewächse *Amaryllidaceae*

ausdauernde krautige Pflanze

kugelrunder Blütenstand mit violetten, sternchenförmigen Blüten

Mai bis Juli

Kapseln mit Samen; Zwiebel als Überdauerungsorgan; Vermehrung durch Tochterzwiebeln und durch Samen

hellgrün; verwelkt nach der Blütezeit und wird danach entfernt

ca. 100 cm hoch

ca. 30 cm breit; hohe Einzelblumen

ca. 30 cm

Zwiebeln von September bis November setzen

durchlässig, locker, sandig, trocken

sonnig

Blumenrabatte, Staudenbeet

winterhart

Blattläuse

nicht giftig

Zierlauch lockt viele Insekten in den Garten. Die kugeligen Blütenstände sehen in einer hohen Vase auch getrocknet sehr attraktiv aus.

Es gibt ca. 900 verschiedene Allium-Arten. Aber am schönsten finde ich den Zierlauch in Violett. Es sieht einfach toll aus, wie diese attraktiven Kugelbälle wirkungsvoll über den Beeten zu schweben scheinen. Egal für welche Farbe du dich entscheidest, etwas Besonderes sind sie alle. Sie sehen als weiße Bälle vor einer dunklen Hecke genauso toll aus wie als violette oder rosa Bälle in einem Frühlingsstaudenbeet. Du hast viele verschiedene Möglichkeiten, Allium richtig zur Geltung zu bringen. Es lässt sich zum Beispiel gut mit dem gelben Frauenmantel kombinieren.

Waldvergiss-meinnicht

Sortenempfehlung:
Myosotis sylvatica (Wildform)

Raublattgewächse *Boraginaceae*

zweijährige bis ausdauernde krautige Pflanze

scheinrispenartiger Blütenstand mit kleinen Blüten in Himmelblau

April bis Juni

Spaltfrucht mit Samen, Vermehrung durch Samen, Selbstaussaat möglich

maigrün; verwelktes Laub nach der Blütezeit abschneiden, es treibt im Herbst neu aus; keine Herbstfärbung; wintergrün

ca. 30 cm hoch

ca. 25 cm breit; zum Verwildern geeignet; teppichbildend

ca. 25 cm

von Frühling bis Herbst

durchlässig, locker, lehmig

sonnig oder halbschattig

Rosenbeet , Staudenbeet, Bauerngarten

winterhart

Schnecken

nicht giftig

Am schönsten wirkt das himmelblaue Vergissmeinnicht in Verbindung mit den kräftigen Farben der Tulpen, Gartenhyazinthen oder der Iris.

Dieses zweijährige Vergissmeinnicht ist ein kleiner Wanderer. Je unbeschwerter und lockerer du mit Pflanzen umgehst, die sich gerne aussamen und verteilen, umso interessantere Überraschungen hält dein Garten für dich bereit. Wenn man Vergissmeinnicht in Ruhe lässt, bildet es große hellblaue Teppiche. Nach der Blütezeit und dem Aussamen kannst du die alten Pflanzen entfernen. Im nächsten Jahr gibt es dann dort, und auch an einigen neuen Stellen, viele hellblaue Blüten. Überall, wo du sie nicht magst, zupfst du sie einfach heraus.

Maiglöckchen

Sortenempfehlung:
Convallaria majalis (Wildform)

Spargelgewächse *Asparagaceae*

ausdauernde krautige Pflanze

traubenartiger Blütenstand mit kleinen, weißen, nickenden Glöckchen

Mai bis Juni

rote Beeren mit Samen; 50 cm tief in die Erde reichende Rhizome als Überdauerungsorgan; Vermehrung durch Teilung der Rhizome, Ausläufer und Samen

dunkelgrün; verwelkt im Herbst und kann entfernt werden

ca. 20 cm hoch

ca. 20 cm breit; zum Verwildern geeignet; teppichbildend

ca. 20 cm

von Frühling bis Herbst

durchlässig, locker, lehmig

halbschattig

Gehölzrand, Rosenbeet , Staudenbeet, Waldstaudenbeet, naturnahes Beet

sehr winterhart

Rostpilz; Grauschimmel; Lilienhähnchen

hochgiftig

Ein kleiner Maiglöckchenstrauß aus dem eigenen Garten bringt deine ganze Wohnung zum Duften.

Diese kleinen, zauberhaften Glöckchen mit dem umwerfenden Duft muss man einfach mögen. Am liebsten stehen sie im Halbschatten unter Gehölzen oder Rosen. Dort bilden sie mit der Zeit größere Teppiche. Wenn ihnen der Standort gefällt, pflanzen sie sich mit Ausläufern immer weiter fort. Leider sind Maiglöckchen sehr giftig und du solltest bei der Gartenarbeit Handschuhe anziehen. In ihre Nähe darfst du keinen Bärlauch setzen. Die Blätter der beiden Pflanzen sehen sich zum Verwechseln ähnlich. Greifst du bei der Ernte des Bärlauchs versehentlich zum Blatt des Maiglöckchens, können schwere Vergiftungen auftreten. Im Herbst zieht sich die Pflanze in die Erde zurück und überwintert dort. Das alte Laub der Maiglöckchen kann man dann einfach entfernen.

Zweiblütiges Salomonssiegel

Sortenempfehlung:
Polygonatum biflorum (Wildform)

Spargelgewächse *Asparagaceae*

ausdauernde krautige Pflanze

2–3 weiße, an der Spitze grüne, gestielte Glöckchen stehen in den Blattachseln der Laubblätter

Mai bis Juni

dunkelblaue Früchte mit Samen; Rhizome als Überdauerungsorgan; Vermehrung durch Teilung der Rhizome und durch Samen

dunkelgrün; verwelkt im Herbst und kann entfernt werden

ca. 50 cm hoch

ca. 30 cm breit; einzelne überhängende Pflanzen

ca. 30 cm

von Frühling bis Herbst

durchlässig, locker, kalkarm, lehmig

halbschattig oder schattig

Gehölzrand, Waldstaudenbeet, naturnahes Beet

sehr winterhart

Raupen der Salomonssiegel-Blattwespe

hochgiftig

Wenn du es gern etwas mystisch magst, solltest du das Salomonssiegel gemeinsam mit Farn und Maiglöckchen in eine schattige Ecke deines Gartens pflanzen.

Das Salomonssiegel wird auch oft Großes Maiglöckchen genannt. Eine gewisse Ähnlichkeit ist tatsächlich vorhanden. Aber das Salomonssiegel ist eigentlich für sich schon eine sehr interessante und eigenartige Pflanze. Seinen Namen hat es bekommen, weil die Rhizome nach dem Einzug der Blätter wie ein Siegel aussehen. Während das Maiglöckchen lieblich und fein wirkt, hat das Salomonssiegel eher etwas Geheimnisvolles.

Schildfarn

Sortenempfehlung:
Polystichum setiferum 'Proliferum'

- Wurmfarngewächse *Dryopteridaceae*
- ausdauernde krautige Pflanze
- Sporenbildung an der Unterseite der Blätter, 'Proliferum' bildet Brutknöllchen
- dunkelgrün bis braun; keine Herbstfärbung; wintergrün
- ca. 50 cm hoch
- ca. 50 cm breit; horstiger Wuchs
- ca. 45 cm
- von Frühling bis Herbst
- durchlässig, locker, lehmig
- halbschattig
- Gehölzrand, Waldstaudenbeet
- winterhart
- Schädlinge und Krankheiten selten
- giftig
- Seine dekorativen grünen Wedel kommen auch in Blumensträußen sehr gut zur Geltung.

Die Sorte 'Proliferum' wird auch Filigranfarn genannt. Er ist zwar keine Blume, aber als formgebende Zierpflanze gehört er eigentlich in jede schattige Waldblumenecke. Er ist nicht so groß, dass er alles überdacht, aber auch nicht so klein, dass er kaum als Farn erkennbar ist. Die dekorativen, fein gefiederten Blätter bleiben auch im Winter grün und sehr ansehnlich. Im Frühling schneidest du einfach die unteren, braun gewordenen Blätter ab. Bald entrollen sich dann in der Mitte der Pflanze die zunächst wie Elfenstäbe aussehenden neuen, frischen Blätter. Du solltest den Farn immer ein wenig feucht halten. Kombinieren lässt er sich mit Akelei, Fingerhut, Maiglöckchen oder Salomonssiegel.

Kurzspornige Akelei

Sortenempfehlung:
Aquilegia vulgaris (Wildform)

Hahnenfußgewächse *Ranunculaceae*

3- bis 5-jährige, ausdauernde krautige Pflanze

blau-violette, nickende Blüten mit kronenblattartigen Kelchblättern und kurzen Sporen

Mai bis Juni

Balgfrucht mit Samen; Rhizome als Überdauerungsorgan, Vermehrung durch Samen; Selbstaussaat möglich

blaugrün; verwelkt im Herbst und kann danach entfernt werden

ca. 60 cm hoch

ca. 40 cm breit; horstiger Wuchs; zum Verwildern geeignet

ca. 30 cm

von Frühling bis Herbst; Freilandaussaat April bis Mai

durchlässig, locker, lehmig oder sandig, trocken

sonnig oder halbschattig

Gehölzrand, Staudenbeet, Waldstaudenbeet, naturnahes Beet

sehr winterhart

Echter Mehltau, Rostpilze

giftig

Eine sehr gute Pflanze für bunte, wilde Frühsommerwiesen und hungrige Hummeln. Akeleien säen sich unkompliziert selbst aus, wenn man ihre Samenstände einfach stehen lässt.

Diese alte Kulturpflanze hat wenig Pflege nötig und wächst gerne auch im Halbschatten. Nur wenn du nicht möchtest, dass sie durch den ganzen Garten wandert, solltest du die Samenstände rechtzeitig entfernen. Wenn du allerdings ein naturnahes Beet mit vielen bunten Sommerblumen magst, kannst du sie einfach aussamen lassen. Sie passt gemeinsam mit Fingerhut, Glockenblumen und Storchschnabel wunderbar zu Rosen.

Schwertlilie

Sortenempfehlung:
Iris germanica 'Florentina'

Schwertliliengewächse *Iridaceae*

ausdauernde krautige Pflanze

weiße, zart bläuliche, dreizählige Einzelblüten

Mai bis Juni

Kapseln mit Samen; Rhizome als Überdauerungsorgan; Vermehrung durch Teilung der Rhizome und durch Samen

graugrün; keine Herbstfärbung; wintergrün

ca. 60 cm hoch

ca. 30 cm breit; teppichbildend

ca. 30 cm

von Frühling bis Herbst

durchlässig, locker, sandig, trocken

sonnig

Staudenbeet, Steingarten, Blumenrabatte

winterhart

Schnecken, Wühlmäuse

schwach giftig

Achte darauf, dass ihre Rhizome nur flach eingepflanzt werden dürfen und nicht ganz mit Erde bedeckt sein sollten. Sie müssen ein wenig oberhalb der Erdoberfläche zu sehen sein.

Es gibt so viele verschiedene zauberhafte und farblich sehr interessante Irissorten. Die Florentiner Schwertlilie ist jedoch etwas ganz Besonderes. Sie ist eine historische und sehr bemerkenswerte Irissorte. Ihre getrockneten Rhizome wurden im 18. Jahrhundert gern zu einem nach Veilchen duftenden Pulver verarbeitet und wie Parfüm verwendet. Daher wird sie auch im Volksmund Veilchenwurz genannt. Wenn du dich für sie entscheidest, solltest du einiges an Platz für sie einplanen. Denn wenn ihr der Standort gefällt, kann sie sich mit ihren Rhizomen richtig ausbreiten.

Felsen-Storchschnabel

Sortenempfehlung:
Geranium macrorrhizum 'Czakor'

Storchschnabelgewächse *Geraniaceae*

ausdauernde krautige Pflanze

doldiger Blütenstand mit mehreren pinkfarbenen Blüten

Mai bis Juli

Kapseln mit Samen; Rhizome als Überdauerungsorgan; Vermehrung durch Teilung der Rhizome und durch Samen

dunkelgrün; rötlich grüngelbe Herbstfärbung; wintergrün

ca. 30 cm hoch

ca. 25 cm breit; zum Verwildern geeignet; teppichbildend

ca. 25 cm

von Frühling bis Herbst

durchlässig, locker, lehmig oder sandig

sonnig oder halbschattig

Gehölzrand, Rosenbeet, Staudenbeet, Bauerngarten

sehr winterhart

Echter Mehltau, Blattläuse, Dickmaulrüssler

nicht giftig

Felsen-Storchschnabel lässt sich sehr gut als etwas breitere Beeteinfassung unter Strauchrosen verwenden und wird von Bienen gerne besucht.

Alle Sorten des Storchschnabels sind gute Bodendecker, aber der Felsen-Storchschnabel ist einfach ein Alleskönner. Seine Rhizome bilden kissenartige Pflanzen, und diese bedecken schnell große Flächen, die das Unkraut fernhalten. Außerdem ist er ein richtiger Laubfresser und verschluckt so einiges an Herbstlaub. Im Sommer trägt die Sorte nicht nur viele Blüten, sondern punktet später im Herbst auch mit einer wunderschönen Färbung ihrer Blätter. Dieser Storchschnabel ist anspruchslos und sehr robust.

Pfingstrose

Sortenempfehlung:
Paeonia officinalis (Wildform)

Pfingstrosengewächse *Paeoniaceae*

ausdauernde krautige Pflanze

endständige, einzelne, schalenförmige Blüten in Rosa

Mai bis Juni

Balgfrüchte mit Samen; Rhizome mit Wurzelknollen als Überdauerungsorgan; Vermehrung durch Teilung der Rhizome und durch Samen

dunkelgrün; verwelkt im Herbst und sollte danach entfernt werden

ca. 70 cm hoch

ca. 70 cm breit; buschig, horstiger Wuchs

ca. 70 cm

von Frühling bis Herbst

durchlässig, locker, lehmig

sonnig oder halbschattig

Rosenbeet, Staudenbeet, Bauerngarten

bedingt winterhart: Pflanzen mit Tannenreisig vor Kahlfrösten schützen

Grauschimmel, Blattfleckenkrankheit

schwach giftig

Pfingstrosen sind wunderschöne Schnittblumen. Sie halten sich sehr lange in einer Vase.

Pfingstrosen, auch Bauernrosen genannt, sind, egal ob gefüllt oder ungefüllt, ein absolutes Highlight in jedem Garten. Die großen, schönen Blüten ziehen jeden in ihren Bann. Sie können jedoch durch ihre Fülle sehr schwer werden und sind darum für eine Stütze dankbar. Wenn du etwas für Bienen und Insekten tun möchtest, solltest du dich für die Wildform, die Apotheker-Pfingstrose, entscheiden. Deren Blüten sind ungefüllt und haben eine ungewöhnlich hohe Anzahl an Pollen. Achte darauf, die Pfingstrose nicht tiefer als 3 cm unter der Erdoberfläche einzupflanzen. Ansonsten wird sie nicht oder nur sehr spärlich blühen. Du solltest sie auch an ihrem Standort in Ruhe wachsen lassen. Wenn du sie doch einmal umpflanzen musst, wird sie im nächsten Jahr nicht gleich wieder blühen.

Filziges Hornkraut

Sortenempfehlung:
Cerastium tomentosum 'Silberteppich'

Nelkengewächse *Caryophyllaceae*

ausdauernde krautige Pflanze

doldiger Blütenstand; kleine, weiße, trichterartige Kelchblüten

Mai bis Juni

Kapseln mit Samen; Rhizome als Überdauerungsorgan; Vermehrung durch Teilung der Rhizome, durch Samen oder durch Stecklinge; Selbstaussaat möglich

silbrig graugrün; keine Herbstfärbung; wintergrün

ca. 15 cm hoch

ca. 20 cm breit; zum Verwildern geeignet; teppichbildend; mattenartig

ca. 20 cm

von Frühling bis Herbst

durchlässig, locker, sandig, trocken

sonnig

Steingarten, Staudenbeet, Mauerkronen

sehr winterhart

Staunässe vermeiden; Fäulnis möglich

nicht giftig

Filziges Hornkraut kann bei Staunässe schnell faulen, unansehnlich und braun werden. Einen trockenen, sonnigen Platz mag es am allerliebsten.

Das Filzige Hornkraut ist ein dankbarer und unkomplizierter Bodendecker, den du besonders für trockene, karge Böden oder in Steingärten verwenden kannst. Es ist sehr bienenfreundlich. Seine vielen weißen Blüten auf dem silbernen Blattwerk sehen nicht nur von Weitem romantisch und wunderschön aus. Es breitet sich schnell aus und lässt trockene Ecken erblühen. Selbst nach der Blütezeit wirkt so ein silbrig grauer Teppich ganz fantastisch im Garten.

Juni

WAS IST ZU TUN?

STÜTZEN EINSETZEN

Alles blüht und wächst so schnell, dass du vielen Rosen, Stauden und Sträuchern eine Stütze geben musst. Kontrolliere nach starken Regenschauern, ob sie die Zweige und Blüten noch tragen können.

MULCHEN

Verwende Rasenschnitt zum Mulchen von trockenheitsempfindlichen Pflanzen.

GIEßEN

Wenn der Juni niederschlagsarm ist, solltest du das Gießen am Abend nicht vergessen. Fange dazu in deinem Garten Wasser zum Beispiel mit einer Regentonne oder einer Zisterne auf. Auf Dauer wird das Gießen aus der Wasserleitung nämlich sehr teuer.

SAMENSTÄNDE SCHNEIDEN

Die ersten Samenstände von Glockenblumen, Akelei, Fingerhut und Goldlack zeigen sich. Wenn du sie aussamen lässt, hast du im nächsten Jahr viele neue Pflanzen. Die Samenstände der winterharten Stauden und Pflanzen, die nicht aussamen sollen, schneidest du einfach herunter. Die Samenbildung erfordert sonst zu viel Kraft von ihnen.

LAVENDELBLÜTEN ERNTEN

Die ersten Lavendelblüten können geerntet und getrocknet werden.

UNKRAUT JÄTEN

Auch schnell wachsendes Unkraut bildet im Juni viele Samen. Da solltest du also immer schauen, dass es nicht überhandnimmt.

BLÄTTER ENTFERNEN

Vergilbte und verwelkte Blätter von Tulpen, Narzissen und anderen Frühblühern kannst du aus den Beeten entfernen. Sie lassen sich ganz leicht herausziehen.

VERBLÜHTES ENTFERNEN

Bei Rosen, die mehrmals im Jahr blühen, kannst du Verblühtes herausknipsen. Danach werden sie schnell wieder in voller Pracht stehen. Lass aber Hagebuttenrosen in Ruhe. Bald zeigen sich die ersten grünen Hagebutten, die bis zum Herbst in den schönsten Rot- und Orangetönen leuchten.

DÜNGEN

Deine Rosen kannst du mit Kompost, Hornspänen oder Stallmistpellets düngen.

NÜTZLINGE FÖRDERN

Ohrenkneifer können dir beim Verringern der Blattläuse helfen. Stelle dazu ein paar umgedrehte, mit Holzwolle gefüllte Tontöpfchen auf kleinen Stangen auf. Sollten es noch zu viele Blattläuse sein, setze dir ein wenig Brennnesseljauche an und spritze die Rosen damit ab. Das stärkt auch die Abwehrkräfte der Rosen.

Deine To-dos

Jungfer im Grünen

Sortenempfehlung:
Nigella damascena 'Miss Jekyll'

- Hahnenfußgewächse *Ranunculaceae*
- einjährige krautige Pflanze
- blaue Blüten, umgeben von einem Kranz filigraner, haarförmiger, grüner Hochblätter
- Juni bis Juli, Nachblüte bis September
- Ballonkapseln mit Samen; Vermehrung durch Selbstaussaat möglich
- hellgrün; verwelkt nach der Blütezeit; verwelkte Blütenstände stehen lassen, um Selbstaussaat zu ermöglichen
- ca. 30 cm hoch
- ca. 10 cm breit; feine einzelne Pflanzen; zum Verwildern geeignet
- ca. 10 cm
- Freilandaussaat von März bis April
- durchlässig, locker, lehmig, trocken
- sonnig oder halbschattig
- Rosenbeet, Staudenbeet, Blumenrabatte, Bauerngarten
- nicht winterhart
- Schädlinge und Krankheiten selten
- leicht giftig
- Die dekorativen, ballonartigen Samenkapseln kannst du sehr gut trocknen und später für wunderschöne Trockensträuße verwenden.

Mit der eindrucksvollen Blüte sieht die Jungfer im Grünen wirklich wie ein Mädchen mit einem wunderschönen Kleid in einem grünen Garten aus. Trotz ihrer feinen Form ist sie recht robust und kann sehr lange blühen.

Wenn du ihre Samenkapseln stehen lässt, samt sie sich zuverlässig an dieser Stelle aus und du hast auch im nächsten Jahr wieder ganz viele hübsche, kleine Jungfern in deinem Garten.

Purpurglöckchen

Sortenempfehlung:
Heuchera sanguinea 'Leuchtkäfer'

- Steinbrechgewächse *Saxifragaceae*
- ausdauernde krautige Pflanze
- verzweigter, lockerer, rispenartiger Blütenstand mit kleinen roten Glöckchen
- Juni bis Juli
- Kapseln mit Samen; Rhizome als Überdauerungsorgan; Vermehrung durch Teilung der Rhizome und durch Samen; Selbstaussaat möglich
- dunkelgrün; leichte rötlich-grüne Herbstfärbung; wintergrün
- ca. 30 cm hoch
- ca. 40 cm breit; horstiger Wuchs
- ca. 30 cm
- von Frühling bis Herbst
- durchlässig, locker, lehmig
- halbschattig
- Gehölzrand, Staudenbeet, Blumenrabatte, Bauerngarten
- winterhart
- Dickmaulrüssler
- nicht giftig
- Die feinen Rispen mit den vielen kleinen roten oder rosa Glöckchen sehen in bunten Sommergartensträußen ganz zauberhaft aus.

Purpurglöckchen gibt es in vielen Farbvarianten. Sie leuchten einem aus dem Staudenbeet nicht nur in Purpurrot entgegen, sondern können auch in Weiß, Creme oder Rosa blühen. Viele Purpurglöckchen-Sorten punkten mit einer attraktiven roten, gelben oder weinroten Laubfärbung. Da ist dann die Wahl schwer. Alle Purpurglöckchen lieben halbschattige Orte und eignen sich zur Unterpflanzung von Gehölzen. Wenn der Boden feucht genug ist, gedeihen sie jedoch auch an sonnigen Plätzen.

Staudenlein

Sortenempfehlung:
Linum perenne 'Nanum Saphir'

Leingewächse *Linaceae*

ausdauernde krautige Pflanze

bis zu 10 endständige, himmelblaue, kelchartige Blütenschalen an einem Stängel

Juni bis Juli, Nachblüte bis September

Kapseln mit Samen; Vermehrung durch Samen; Selbstaussaat möglich

graugrün; verwelkt im Herbst und kann danach entfernt werden

ca. 50 cm hoch

ca. 30 cm breit; buschiger Wuchs

ca. 30 cm

im Frühling; Freilandaussaat von März bis April

durchlässig, locker, sandig, kalkhaltig, trocken

sonnig

Staudenbeet, Steingarten, naturnahes Beet

sehr winterhart

Schädlinge und Krankheiten selten

nicht giftig

Wenn du Staudenlein im Juli ordentlich herunterschneidest, blüht er im Herbst noch einmal wunderschön nach.

Der Lein gehört zu unseren ältesten Kulturpflanzen. Früher wurde daraus Kleidung und Hauswäsche hergestellt. Aus meinem Garten kann ich ihn mir gar nicht mehr wegdenken. Staudenlein ist ab Juni über und über mit hellblauen Blüten bedeckt und jeden Tag bilden sich neue. Diese Leinblüten haben ein unglaublich schönes Blau und leuchten einem schon von Weitem durch den Garten entgegen. Lein wirkt als Pflanze sehr zart und filigran, ist aber relativ robust und kann sehr gut mit Trockenheit umgehen. Staunässe mag er aber gar nicht. In trockenen Steingärten fühlt er sich besonders wohl.

Weicher Frauenmantel

Sortenempfehlung:
Alchemilla mollis (Wildform)

Rosengewächse *Rosaceae*

ausdauernde krautige bis strauchförmige Pflanze

büschelartiger Blütenstand mit vielen kleinen, grünlich-gelben Blüten

Juni bis Juli, Nachblüte bis September

Nüsschen mit je einem Samen; Rhizome als Überdauerungsorgan; Vermehrung durch Teilung der Rhizome und durch Samen; Selbstaussaat möglich

gelblich, graugrün; verwelkt im Herbst und kann danach entfernt werden

ca. 30 cm hoch

ca. 40 cm breit; horstiger, kissenartiger Wuchs; zum Verwildern geeignet; teppichbildend

ca. 40 cm

von Frühling bis Herbst

durchlässig, locker, lehmig, feucht

sonnig oder halbschattig

Rosenbeet, Staudenbeet, naturnahes Beet

winterhart

Schädlinge und Krankheiten selten

nicht giftig

In einem Beet gemeinsam mit weißen Rosen und blauen Pfirsichblättrigen Glockenblumen wirkt der gelbgrüne Frauenmantel ganz fantastisch.

Der Frauenmantel ist eine pflegeleichte und anspruchslose heimische Wildpflanze. Er mag es zwar sonnig, aber nicht zu trocken. Gießen ist also wirklich wichtig oder du setzt ihn in generell feuchten Boden, wie zum Beispiel an den Teichrand. Er kann sich ganz schön ausbreiten, ist jedoch ein dankbarer Bodendecker und wird dir dafür das Unkraut fernhalten. Kahle Stellen im Beet bedeckt er mit seinen hübschen, mantelartigen Blättern und einer Wolke aus hellgrün-gelben, zarten Blütendolden. Sein Laub ist sehr interessant. Es lässt durch den Lotusblüteneffekt Regen- und Tautropfen einfach abperlen.

Staudenwicke

Sortenempfehlung:
Lathyrus latifolius 'Rote Perle'

Hülsenfrüchtler *Fabaceae*

ausdauernde krautige Pflanze

traubenartiger Blütenstand mit pinkfarbenen Schmetterlingsblüten

Juni bis Juli, Nachblüte bis September

Hülsen mit Samen; Vermehrung durch Ausläufer, durch Teilung und durch Samen; Selbstaussaat möglich

graugrün; verwelkt im Herbst und wird danach entfernt

ca. 130 cm hoch

ca. 100 cm breit; kann klettern und kriechen; zum Verwildern geeignet

ca. 100 cm

von Frühling bis Herbst

durchlässig, locker, lehmig

sonnig oder halbschattig

Wildblumenwiese, Bauerngarten, Sommerblumenbeet, Zaun, Rankhilfe

winterhart

Echter Mehltau, Blattläuse, Schnecken

giftig

Wenn du regelmäßig das Verblühte oder dir Blüten für die Vase herausschneidest, bildet die Staudenwicke bis zum Herbst immer wieder neue Knospen und Blüten.

Wenn du es liebst, herrlich altmodische, verschnörkelte und romantische rosa Schmetterlingsblüten in die Vase zu stellen, die sich auch noch wunderbar mit anderen Gartenblumen wie Phlox oder Rosen kombinieren lassen, solltest du unbedingt die Staudenwicke in deinen Garten pflanzen. Sie benötigt allerdings ein Rankgitter oder einen Staketenzaun zum Festhalten. Sonst kriecht sie dir einfach über das Beet und entwickelt sich zu einem flachen breiten Strauch. Du brauchst Platz für sie. Ansonsten hat sie eigentlich kaum Ansprüche. Sie treibt jedes Jahr kontinuierlich wieder neu aus und blüht den ganzen Sommer über.

Pfirsichblättrige Glockenblume

Sortenempfehlung:
Campanula persicifolia 'Grandiflora Coerulea'

Glockenblumengewächse *Campanulaceae*

ausdauernde krautige Pflanze

traubenartiger Blütenstand;
Glocken in violett

Mai bis Juli, Nachblüte bis September

Kapseln mit Samen; Vermehrung durch Teilung der Pflanzen und durch Samen; Selbstaussaat möglich

dunkelgrün; keine Herbstfärbung; wintergrün; zum Verwildern geeignet

ca. 60 cm hoch

ca. 30 cm breit; horstiger Wuchs

ca. 25 cm

von Frühling bis Herbst

durchlässig, locker, lehmig, trocken

sonnig oder halbschattig

Gehölzrand, Rosenbeet, Staudenbeet, Waldstaudenbeet

sehr winterhart

Schnecken, Rostpilz, Grauschimmel

nicht giftig, allergische Reaktionen können aber nicht ausgeschlossen werden

Glockenblumen sind zauberhafte Schnittblumen und Insektenlieblinge.

Pfirsichblättrige Glockenblumen sind sehr anspruchslos und einfach aus keinem Garten wegzudenken. Honigbienen und Wildbienen würdest du eine große Freude machen, wenn du diese Pflanze in dein Staudenbeet pflanzt, denn Pollen und Nektar sind in den glockenförmigen Blüten gut zu erreichen. Die Pfirsichblättrige Glockenblume lässt sich wunderbar mit vielen anderen Gartenblumen kombinieren. Mit Rosen, Farn, Akelei und Fingerhut kann sie eine fantastische und romantische Gemeinschaft bilden. Glockenblumen vermehren sich sicher durch Samen. Wenn ihnen ihr Standort zusagt und du nicht aufpasst, können es ganz schön viele werden.

Rotblühende Spornblume

Sortenempfehlung:
Centranthus ruber 'Coccineus'

Geißblattgewächse *Caprifoliaceae*

ausdauernde krautige Pflanze, mit schwach verholzender Basis

trugdoldenartiger Blütenstand mit kleinen, roten Blüten

Juni bis Juli, Nachblüte bis September

Flugfrüchte mit Samen; Vermehrung durch Samen oder Teilung; Selbstaussaat möglich

graugrün; verwelkt im Herbst und kann danach entfernt werden

ca. 80 cm hoch

ca. 50 cm breit; buschiger Wuchs; zum Verwildern geeignet

ca. 45 cm

von Frühling bis Herbst

durchlässig, locker, sandig, trocken

sonnig

Steingarten, Staudenbeet, Bauerngarten

bedingt winterhart: Pflanzen mit Tannenreisig vor Kahlfrösten schützen

Schädlinge und Krankheiten selten

nicht giftig

Wenn du ab und an das Verblühte herausschneidest, wird die Spornblume über den Sommer dichter und kompakter und blüht schneller nach.

Die Rotblühende Spornblume besticht nicht nur durch ihre feurige rote Farbe. Sie blüht auch viele Monate lang. Vom Juni bis in den Herbst hinein leuchten dir ihre Blüten schon von Weitem entgegen. Gruppenweise in Staudenbeeten, Rabatten oder in naturnahen Beeten sieht sie prächtig aus. Sie zieht den ganzen Sommer über Schmetterlinge und andere Insekten an. Nach dem Verblühen im Herbst schneidest du sie einfach in Bodennähe ab. Dann treibt sie im Frühling zuverlässig wieder neu aus.

Echter Lavendel

Sortenempfehlung:
Lavandula angustifolia 'Hidcote Blue'

- Lippenblütler *Lamiaceae*
- Strauch, der in der Basis verholzt
- ährenartiger Blütenstand mit kleinen, blauvioletten Blüten, in mehreren Scheinquirlen angeordnet
- Juni bis Juli, Nachblüte bis September
- Klausenfrüchte mit Samen; Vermehrung durch Teilung, durch Samen oder durch Absenker; Selbstaussaat möglich
- bläulich graugrün; keine Herbstfärbung; wintergrün
- ca. 40 cm hoch
- ca. 40 cm breit; buschiger Wuchs; Strauch
- ca. 40 cm
- von Frühling bis Herbst
- durchlässig, locker, sandig, kalkhaltig, trocken
- sonnig
- Steingarten, Rosenbeet , Staudenbeet
- winterhart
- Schädlinge und Krankheiten selten
- nicht giftig
- Lavendel ist ein Insektenmagnet. Die Blüten sind essbar und schmecken gut. Sie eignen sich daher perfekt zur Verfeinerung von Salaten oder Süßspeisen.

Lavendel ist eine herrlich unkomplizierte Pflanze und bildet schnell große duftende Kissen. Er eignet sich im Staudenbeet gut als Unterpflanzung von nicht zu hohen Rosen. Aber auch als Steingartenpflanze ist er eine gute Wahl. Gemeinsam mit Filzigem Hornkraut, Wolfsmilch, Patagonischem Eisenkraut und einigen Feldsteinen zaubert dir der Lavendel mit seinem graublauen Laub und den duftenden violetten Blüten ein wunderschönes, mediterran angehauchtes Steingartenbeet in deinen Garten. Nach der ersten Blütezeit kannst du die Blütenstängel abschneiden und trocknen, um sie später für Trockensträuße oder Duftkissen zu verwenden. Im Spätsommer blüht dein Lavendel dann noch einmal.

Steppensalbei

Sortenempfehlung:
Salvia nemorosa 'Caradonna'

- Lippenblütler *Lamiaceae*
- ausdauernde krautige Pflanze
- ährenartiger Blütenstand mit kleinen, kräftig blauvioletten Blüten in mehreren Scheinquirlen angeordnet
- Juni bis Juli, Nachblüte bis September
- Nüsschen; Vermehrung durch Teilung und durch Samen
- dunkelgrün; keine Herbstfärbung; wintergrün
- ca. 50 cm hoch
- ca. 30 cm breit; horstiger, buschiger Wuchs
- ca. 30 cm
- von Frühling bis Herbst
- durchlässig, locker, sandig, trocken
- sonnig oder halbschattig
- Steingarten, Rosenbeet , Staudenbeet
- winterhart
- Echter Mehltau, Schnecken, Blattläuse
- nicht giftig
- Steppensalbei liebt die Trockenheit. Daher solltest du Staunässe unbedingt vermeiden. Die mag er gar nicht und könnte eingehen. Er ist besonders bei Hummeln und Schmetterlingen beliebt.

Der Steppensalbei ist eine Zierstaude, nicht zu verwechseln mit Gewürzsalbei. Er liebt trockene, durchlässige Böden und ist sehr gut für Steingartenbeete geeignet. Bei den immer trockener werdenden Sommern in den letzten Jahren ist das eine interessante Eigenschaft für eine Zierpflanze. Die horstig wachsenden, kleinen Büsche wirken ganz bezaubernd als kräftig violette Unterpflanzung von höher wachsenden Stauden oder Strauchrosen.

Waldgeißbart

Sortenempfehlung:
Aruncus dioicus (Wildform)

- Rosengewächse *Rosaceae*
- ausdauernde krautige Pflanze
- rispenartiger Blütenstand mit kleinen, weißen Blüten
- Juni bis Juli
- Balgfrüchte mit Samen; Rhizome als Überdauerungsorgan; Vermehrung durch Teilung und durch Samen; Selbstaussaat möglich
- dunkelgrün; verwelkt im Herbst und kann danach entfernt werden
- ca. 150 cm hoch
- ca. 100 cm breit; buschiger, strauchartiger Wuchs
- ca. 100 cm
- von Frühling bis Herbst
- durchlässig, locker, lehmig oder sandig
- halbschattig oder schattig
- Gehölzrand, Waldstaudenbeet, naturnahes Beet
- sehr winterhart
- Blattwespenlarven
- leicht giftig
- In einem bunten Sommerblumenstrauß wirken 2–3 Waldgeißbart-Rispen wunderschön.

Waldgeißbart lässt sich im Garten sehr unkompliziert halten. Er liebt feuchten, humusreichen Boden und wird im Halbschatten und Schatten bis zu 2 m hoch. In naturnahen Schattenbeeten gemeinsam mit Farn, Maiglöckchen, Salomonssiegel und Glockenblumen fühlt er sich sehr wohl. Da der Waldgeißbart über 1 m breit werden kann, benötigt er Platz. Wenn du ihm im Herbst eine Mulchschicht aus Kompost gönnst, blüht er noch üppiger.

Heimischer Fingerhut

Sortenempfehlung:
Digitalis purpurea (Wildform)

Wegerichgewächse *Plantaginaceae*

zweijährige krautige Pflanze

endständiger, traubenartiger Blütenstand mit rosa oder purpurfarbigen, glockenartigen Blüten, die mit einem auffällig gefleckten Schlund gekennzeichnet sind

Mai bis Juli

Kapseln mit Samen; Vermehrung durch Samen; Selbstaussaat möglich

dunkelgraugrün; keine Herbstfärbung; wintergrün

ca. 90 cm hoch

ca. 30 cm breit; hohe Einzelblumen

ca. 30 cm

von Frühling bis Herbst; Freilandaussaat von Juli bis August

durchlässig, locker, lehmig

halbschattig

Gehölzrand, Rosenbeet , Staudenbeet, Bauerngarten, Waldstaudenbeet

winterhart

Schnecken

hochgiftig

Wenn du die Samenstände im Sommer stehen lässt, und sie schon sehr trocken sind, könnten dir die Samen beim Unkrautjäten auf den Kopf rieseln. Das ist nicht so schön, denn Fingerhut ist nun mal in allen Teilen sehr giftig. Ein Hut ist dann ein guter Schutz.

Fingerhut ist zwar sehr giftig, wirkt aber eindrucksvoll im Staudenbeet. Er sorgt mit vielen Samen immer für ausreichenden Nachwuchs. Die Samenstände lässt du einfach stehen, und wenn sie trocken sind, brauchst du sie nur anzutippen. Sofort rieseln die Samen zur Erde. Ziemlich schnell hast du wieder neue kleine Pflänzchen. Sie blühen allerdings erst im zweiten Jahr, dann freuen sich die Hummeln aber umso mehr.

Hechtrose

Sortenempfehlung:
Rosa glauca (Wildform)

- Rosengewächse *Rosaceae*
- sommergrüner Strauch
- einfache, 5-blättrige, schalenartige, kräftig rosafarbene Blüten mit weißer Mitte
- Juni bis Juli
- kleine orange bis rote Hagebutten mit Samen; Vermehrung durch Samen, Ausläufer oder Stecklinge; Selbstaussaat möglich
- blaugrau, weinrot gezeichnet; im Herbst laubabwerfend
- ca. 200 cm hoch
- ca. 150 cm breit; strauchartiger Wuchs
- ca. 100 cm
- im Frühling oder Herbst wurzelnackt einpflanzen, den Sommer über auch als Containerpflanze pflanzbar
- durchlässig, locker, lehmig oder sandig
- sonnig
- Hecke, Rosenbeet, Staudenbeet, naturnahes Beet, Bauerngarten
- sehr winterhart
- Schädlinge und Krankheiten selten
- nicht giftig
- Bienen lieben Wildrosen. Die Hechtrose eignet sich perfekt für Unterpflanzungen. Der Felsen-Storchschnabel würde da besonders gut passen.

Die Hechtrose ist hart im Nehmen und hält Temperaturen unter minus 40 °C aus. Sie eignet sich hervorragend für das naturnahe und bienenfreundliche Gärtnern. Robust und unkompliziert, gedeiht sie in sonnigen Lagen genauso wie im Halbschatten. Diese Rose blüht nur einmal, so wie eigentlich jede ungezüchtete Pflanze. Dafür trägt sie im Herbst ein wunderschönes Hagebuttenkleid. Ihr blaugraues Laub mit der weinroten Zeichnung ist etwas ganz Besonderes und wirkt in Staudenbeeten sehr edel. Die Wildrose wird sehr hoch und kahlt mit der Zeit nach oben hin auf. Ihr Wuchs hat nach einigen Jahren etwas von einem großen Blumenstrauß, das heißt lange Stängel mit einer buschigen und überhängenden Krone.

Gallicarose

Sortenempfehlung:
Rosa gallica 'Rosa Mundi'

- Rosengewächse *Rosaceae*
- sommergrüner Strauch
- lockere, halb gefüllte, schalenartige, rosa und weiß gestreifte, große Blüten
- Juni bis Juli
- große, orange Hagebutten mit Samen; Vermehrung durch Samen, Ausläufer oder Stecklinge; Selbstaussaat möglich
- hellgrün; im Herbst laubabwerfend
- ca. 100 cm hoch
- ca. 120 cm breit; strauchartiger, buschiger Wuchs
- ca. 100 cm
- im Frühling oder Herbst wurzelnackt einpflanzen, den Sommer über auch als Containerpflanze pflanzbar
- durchlässig, locker, lehmig oder sandig
- sonnig
- Hecke, Rosenbeet, Staudenbeet, naturnahes Beet, Bauerngarten
- sehr winterhart
- Echter Mehltau, Blattläuse, Rosentriebbohrer, Rosenblattrollwespe
- nicht giftig
- 'Rosa Mundi' eignet sich besonders gut als Bienenweide und zum Vogelschutz in einer nicht zu hohen Wildhecke.

Bei 30.000 Rosensorten, die es weltweit gibt, ist es sehr schwer, dir nur ein paar Rosen für deinen Garten zu empfehlen. Aber die 'Rosa Mundi' ist für mich eine ganz besondere Rose. Nicht nur, weil sie mit ihren halb gefüllten Blüten und den dicken, gelben Staubblättern eine perfekte Bienenweide ist. Sie wird auch 'Versicolor' genannt und ist eine sehr alte Sorte. Sie ist im Mittelalter aus der noch viel älteren, schon um 1160 erwähnten *Rosa gallica* 'Officinalis', der Apothekerrose, entstanden. 'Rosa Mundi' ist ihr sehr ähnlich und hat fast alle guten Eigenschaften ihrer Mutter geerbt. Die Apothekerrose stand oft in Klosteranlagen oder Apothekergärten und wurde zur Arzneiherstellung verwendet. Auch die 'Rosa Mundi' ist sehr gut geeignet, um aus ihren Blüten und Hagebutten leckere Rosengelees und -marmeladen herzustellen. Aber ihr Alleinstellungsmerkmal sind die zauberhaften gestreiften Blütenblätter.

Portlandrose

Sortenempfehlung:
Rosa portlandica 'Jacques Cartier'

Rosengewächse *Rosaceae*

sommergrüner Strauch

große, dicht gefüllte, schalenartige, rosa Blüten

Juni bis Juli, Nachblüte bis November

kleine, längliche Hagebutten; Vermehrung durch Samen, Ausläufer oder Stecklinge; Selbstaussaat möglich

hellgrün; im Herbst laubabwerfend

bis zu 180 cm hoch

ca. 150 cm breit; strauchartiger, buschiger Wuchs

ca. 150 cm

im Frühling oder Herbst wurzelnackt einpflanzen, den Sommer über auch als Containerpflanze pflanzbar

durchlässig, locker, lehmig oder sandig

sonnig

Rosenbeet, Staudenbeet, Bauerngarten

sehr winterhart

Echter Mehltau, Blattläuse, Rosentriebbohrer, Rosenblattrollwespe

nicht giftig

Meiner Erfahrung nach kann die Portlandrose als Solitär sehr groß werden. Ich würde dir nicht raten, sie zu sehr zu düngen. Sie könnte sonst über 1,80 m hoch und über 2,50 m breit werden.

Die 'Jacques Cartier' ist eine historische Rose. Sie wurde 1868 gezüchtet und gehört zur Kategorie der Portlandrosen. Obwohl ihre herrlich duftenden, seidigen, rosa Blüten dicht gefüllt sind, bekommt sie Besuch von Bienen und Hummeln. Sie schaffen es sogar, sie zu befruchten. Bei ihr hatte ich schon öfter Hagebutten. Natürlich ist es kein Vergleich zur Menge der Hagebutten an halb gefüllten Rosen. Aber gefüllte Rosen bereichern deinen Garten, ohne dass sie Bienenweiden sind. Ihr Duft und ihre Schönheit tun einfach der Seele gut, und das ist wichtig beim Gärtnern. Historische Rosen blühen oft nur einmal, aber diese Rose blüht öfter und sogar bis in den späten Herbst hinein. Sie ist sehr pflegeleicht.

Juli

WAS IST ZU TUN?

GIEßEN

Der Juli ist oft besonders heiß und trocken. Da ist es gut, wenn die Regentonnen und Wasserspeicher gefüllt sind, damit du regelmäßig gießen kannst.

DÜNGEN

Die Rosen düngt man spätestens in diesem Monat das letzte Mal, damit alle sich neu bildenden Wurzeln noch vor dem Winter verholzen können.

VERBLÜHTES ENTFERNEN

Das Verblühte aus öfter blühenden Rosen sollte weiterhin ausgeknipst werden. Lange Rosentriebe können einfach abgeschnitten werden. Ich persönlich gebe meinen einmal blühenden historischen Strauchrosen den ersten größeren Schnitt nach ihrer Blütezeit und kürze sie um 20–30 cm ein. Sie belohnen das im nächsten Jahr mit einer üppigen neuen Blühperiode.

VERMEHRUNG

Schwertlilien und Felsen-Storchschnabel lassen sich im Juli teilen und neu im Garten verpflanzen. Goldlack und Lavendel können durch Stecklinge vermehrt werden.

UNKRAUT VORSICHTIG ENTFERNEN

Schneeglöckchen, Winterlinge und Krokusse sollten sich komplett in die Erde eingezogen haben. Wichtig ist es, an diesen Stellen nicht zu hacken und das Unkraut nur sehr vorsichtig zu entfernen, damit sie sich weiterhin ungestört entwickeln können.

SCHNITT

Jetzt ist eine gute Zeit für den Formschnitt an Hecken und Sträuchern. Falls du doch noch Vogelnester mit Jungen entdeckst, musst du mit dem Schnitt warten.

Deine To-dos

Cosmea

Sortenempfehlung:
Cosmos bipinnatus 'Sensation'

Korbblütler *Asteraceae*

einjährige krautige Pflanze

endständiger Blütenstand mit körbchenförmigen, weißen, rosa oder dunkelrosa Blüten

Juli bis Oktober

Schließfrucht mit Samen; Vermehrung durch Selbstaussaat möglich

hellgrün; verwelkt nach der Blütezeit; verwelkte Blütenstände stehen lassen, um Selbstaussaat zu ermöglichen

ca. 120 cm hoch

ca. 40 cm breit; aufrechte Blütenstängel, die sich verzweigen

ca. 40 cm

ab März aus Samen vorziehen und die vorgezogenen Pflanzen ab Mai einpflanzen; Freilandaussaat ab Mai

durchlässig, locker, lehmig

sonnig oder halbschattig

Staudenbeet, Sommerblumenbeet, Bauerngarten

nicht winterhart

Schneckenbefall, Blattläuse

nicht giftig

Die dekorativen Blüten der Cosmea sind essbar und schmecken lecker im Salat.

Man nennt die Cosmea auch Schmuckkörbchen – was für ein hübscher und passender Name für die großen, schalenartigen, rosa und weißen Blüten. Die langen Stängel mit dem filigranen und fedrigen Laub scheinen die Blüten gar nicht tragen zu können. Cosmeen brauchen jedoch selten eine Stütze. Wenn man regelmäßig das Verblühte abschneidet, werden sie schön buschig und blühen sehr lange nach. Sie eignen sich als sommerliche Lückenfüller gemeinsam mit Astern und Phlox in einem bunten Bauerngartenbeet. Du kannst dir im Frühling vorgezogene Cosmeen beim Gärtner kaufen oder sie im März aus Samen auf dem Fensterbrett selbst heranziehen. Nach dem letzten Frost dürfen sie dann ins Beet. Es ist auch möglich, sie ab Mitte Mai sofort im Beet auszusäen.

Phlox

Sortenempfehlung:
Phlox paniculata 'Bright Eyes'

- Sperrkrautgewächse *Polemoniaceae*
- ausdauernde krautige Pflanze
- rispenartiger, köpfchenförmiger Blütenstand; hellrosa Blüten mit rosafarbener Mitte
- Juli bis August
- Kapseln mit Samen; Wurzelstock als Überdauerungsorgan; Vermehrung durch Teilung, Stecklinge und Samen
- dunkelgrün; verwelkt im Herbst und kann danach entfernt werden
- ca. 80 cm hoch
- ca. 50 cm breit; horstiger, buschiger Wuchs
- ca. 50 cm
- von Frühling bis Herbst
- durchlässig, locker, lehmig, feucht
- sonnig
- Staudenbeet, Bauerngarten, Sommerblumenbeet
- sehr winterhart
- Schnecken, Echter Mehltau, Blattfleckenkrankheit
- nicht giftig
- Wenn du das Verblühte rechtzeitig herausschneidest, blüht der Phlox gerne und zuverlässig nach. Er zieht vor allem Falter und Taubenschwänzchen an.

Am richtigen Standort ist Sommerphlox eine reich blühende Staude mit einem herrlichen und ganz typischen Duft. Er wird auch Hohe Flammenblume genannt und gedeiht an halbschattigen, aber auch an sonnigen Standorten. Seine Farbenvielfalt macht ihn zu einer Pflanze, die man mit vielen Sommerblumen kombinieren kann. Einfarbig, gestreift oder auch mit einem dunkleren Auge, wirkt er in einem reinen Phloxbeet genauso schön wie in einem gemischten bunten und fröhlichen Sommerbeet.

Patagonisches Eisenkraut

Sortenempfehlung:
Verbena bonariensis (Wildform)

Eisenkrautgewächse *Verbenaceae*

ausdauernde krautige Pflanze

endständiger, trugdoldenartiger Blütenstand mit kleinen, violetten Blüten

Juli bis Oktober

Klausenfrüchte mit Samen; Vermehrung durch Samen; Selbstaussaat möglich

dunkelgrün; verwelkt im Herbst und kann danach entfernt werden

ca. 110 cm hoch

ca. 30 cm breit; horstiger Wuchs

ca. 30 cm

im Frühling; Freilandaussaat September bis November

durchlässig, locker, trocken, lehmig oder sandig

sonnig

Staudenbeet, Steingarten, Bauerngarten

nicht winterhart

Echter Mehltau

schwach giftig

Wenn du Patagonisches Eisenkraut mit Cosmeen und Phlox kombinierst, können zauberhafte bunte Bauerngartenbeete entstehen. Die Blüten werden gerne von Schmetterlingen besucht.

Das Patagonische oder Hohe Eisenkraut ist leider nicht winterhart genug, um in unseren Gärten zuverlässig in jedem Jahr als Staude wieder zu blühen. Aber es möchte am liebsten durch Selbstaussaat mit seinem Samen den ganzen Garten erkunden. Dadurch entstehen dann oft ganz andere Gartenbilder als geplant. Die kleinen, neuen Pflänzchen kannst du, wenn du sie zeitig genug entdeckst, den Frühling über an eine passendere Stelle verpflanzen. Patagonisches Eisenkraut ist mit seinen hohen, etwas sperrigen Stängeln und darauf wippenden kleinen blauvioletten Blüten eine großartige Strukturpflanze.

August

WAS IST ZU TUN?

SCHNITT

Der letzte Sommermonat hat begonnen, und die Nächte werden schon länger und kühler. Nadelholzhecken vertragen einen letzten Schnitt vor dem Winter.

UMPFLANZEN

Abgeblühte Stauden kannst du Ende August teilen und umpflanzen. Sie haben dann noch viel Zeit, um vor dem Winter richtig einzuwurzeln und sich an ihrem neuen Platz einzugewöhnen. Pfingstrosen sollten jetzt gepflanzt oder umgepflanzt werden. Setze sie nicht zu tief in die Erde und wässere sie danach ausreichend.

SAMEN EINSAMMELN

Du kannst im Garten überall schauen, was an Samen reif ist, sie einsammeln und neu aussäen oder – gut beschriftet – lagern.

LAVENDEL ERNTEN

Der Lavendel kann ein zweites Mal geerntet werden. Lass aber auch noch ein paar Blüten für die Schmetterlinge und Bienen stehen.

SÄEN

Um im nächsten Jahr wieder wunderschöne, himmelblaue Teppiche im Garten zu haben, säe Vergissmeinnicht aus.

WASSERGABEN

Vergiss nicht, deine Vogeltränken mit frischem Wasser zu befüllen. Auch deinen Komposthaufen solltest du jederzeit gleichmäßig feucht halten.

AUFRÄUMEN

Du kannst schon beginnen, manche Ecken aufzuräumen. Oft bleibt im Sommer einiges liegen, wenn man viel zu tun hat. Du könntest in einer Ecke deines Gartens abgebrochene Äste und Totholz stapeln. Insekten, Amphibien, Reptilien, Vögel und Igel lieben solche Ecken und legen sich dort sehr gern ihren Unterschlupf an.

Deine To-dos

Sonnenhut

Sortenempfehlung:
Rudbeckia fulgida var. sullivantii 'Goldsturm'

Korbblütler *Asteraceae*

ausdauernde krautige Pflanze

endständiger Blütenstand mit sonnengelben, körbchenartigen Blüten

August bis September

Schließfrüchte mit Samen; Rhizome als Überdauerungsorgan; Vermehrung durch Teilung der Rhizome und durch Samen; Selbstaussaat möglich

dunkelgrün; keine Herbstfärbung; wintergrün

ca. 70 cm hoch

ca. 50 cm breit; horstiger, buschiger Wuchs; zum Verwildern geeignet; teppichbildend

ca. 40 cm

im Frühling

durchlässig, locker, lehmig, feucht

sonnig

Staudenbeet, Sommerblumenbeet, Bauerngarten

sehr winterhart

Echter Mehltau, Falscher Mehltau, Schnecken

nicht giftig

Du solltest Sonnenhut (*Rudbeckia*) nicht mit Scheinsonnenhut (*Echinacea*) verwechseln. Sie sind sich zwar sehr ähnlich, aber der Scheinsonnenhut ist viel steifer und hat nicht so eine sonnige, gelbe Farbe.

In einem Garten mit blühendem Sonnenhut scheint selbst an trüben Tagen die Sonne. Er bildet hübsche Horste mit vielen großen, goldgelben Blüten und lässt den Garten im Spätsommer und Herbst sonnig und fröhlich aussehen. Wenn du regelmäßig die verblühten Stängel herausschneidest, kommen immer wieder neue Blüten, die auch in der Vase wunderschön wirken. In Blumenrabatten neben blauem Lavendel und blauviolettem Patagonischen Eisenkraut gibt der Sonnenhut ein tolles Bild ab.

Rote Gartenmelde

Sortenempfehlung:
Atriplex hortensis var. rubra (Wildform)

Fuchsschwanzgewächse *Amaranthaceae*

einjährige krautige Pflanze

rispenartiger, ährenartiger Blütenstand mit kleinen, weinroten Blüten

Juli bis September

Scheinfrüchte mit einem Samen; Vermehrung durch Samen; Selbstaussaat möglich

weinrot; verwelkt im Herbst und wird nach der Selbstaussaat entfernt

ca. 150 cm hoch

ca. 30 cm breit; hohe Blattpflanzen mit überhängenden Fruchtständen

ca. 25 cm

Freilandaussaat von März bis April

durchlässig, locker, lehmig

sonnig oder halbschattig

Staudenbeet, Bauerngarten, naturnahes Beet

nicht winterhart

Blattläuse

nicht giftig

Im spätsommerlichen Garten zwischen rotem Kerzenknöterich und cremefarbenen Rosen wirkt die Rote Gartenmelde einfach herrlich.

Grüne Gartenmelde kennt man aus dem Gemüsegarten. Auch die Rote Gartenmelde ist sehr lecker und kann als Gemüse kultiviert werden. Allerdings ist ihre tolle weinrote Farbe so dekorativ, dass sie sich mittlerweile in vielen Gärten auch als Zierpflanze etabliert hat. Im Spätsommer und im Herbst bringt sie ein Staudenbeet zum Leuchten und gibt Beeten mit niedrigeren Pflanzen die nötige Höhe und Struktur. Sie ist zwar nicht winterhart, sät sich aber zuverlässig jedes Jahr aufs Neue aus. Du kannst dann im Frühling einfach entscheiden, welche Pflanzen stehen bleiben dürfen. Rote Melde ist schon als winziger Sämling gut am charakteristischen Rot erkennbar.

September

WAS IST ZU TUN?

LAMPIONBLUMEN BESCHNEIDEN

Einige Lampions der Lampionblumen sind nun schon orange und einige noch ganz grün. Sobald alle richtig durchgefärbt sind, kannst du einige ihrer Stängel tief am Boden abschneiden, alle grünen Blätter entfernen und sie in Bündeln zum Trocknen aufhängen. Dann hast du später im Oktober und November einen wunderschönen herbstlichen Schmuck für die Vase.

HAGEBUTTEN ERNTEN

Es gibt viele verschiedene Hagebuttenfarben und -formen. Hagebutten, die jetzt schon reif sind, kannst du ernten und verarbeiten oder für herbstliche Gestecke verwenden. Allerdings sind sie natürlich auch im Garten ein bezaubernder Herbstschmuck. Besonders die ganz kleinen Hagebutten dienen im Winter den Vögeln als Nahrung.

BLUMEN AUSSÄEN

Einige ein- und mehrjährige Blumen wie Glockenblumen, Fingerhut, Jungfer im Grünen, Vergissmeinnicht und Patagonisches Eisenkraut können im September im Garten ausgesät werden.

KOMPOST FEUCHT HALTEN

Wenn der September sehr trocken ist, sollte der Kompost gleichmäßig feucht gehalten werden.

PFLANZEN

Neue Blühstauden wie zum Beispiel Schwertlilien sollte man ruhig im September pflanzen. Sie haben dann genug Zeit, um vor dem Winter richtig einzuwurzeln.

ZWIEBELN UND KNOLLEN SETZEN

Im September kannst du mit dem Zwiebel- und Knollensetzen beginnen. Überall gibt es ab dem Spätsommer die schönsten Tulpen-, Schneeglöckchen-, Narzissen-, Allium- und Kaiserkronenzwiebeln oder auch Winterling- und Krokusknollen zu kaufen.

WINTERQUARTIERE VORBEREITEN

Igel suchen sich langsam ein Winterquartier. Man kann für sie im Garten in geeigneten ruhigen Ecken einen Laub- und Reisighaufen liegen lassen. Die Vögel haben im September die Aufzucht ihrer Jungen beendet. Nistkästen können gegebenenfalls repariert und neue aufgehängt werden. Vogeltränken sollten gesäubert und weiterhin gut gefüllt sein.

STAUDEN VERMEHREN

Viele Stauden, wie zum Beispiel Frauenmantel, lassen sich im September gut vermehren, indem man sie mit dem Spaten teilt und verpflanzt.

Deine To-dos

Sommeraster

Sortenempfehlung:
Callistephus chinensis 'Princess Mix'

Korbblütler *Asteraceae*

einjährige krautige Pflanze

endständige, körbchenartige, weiße, gelbe, rosa, blaue, violette Blüten mit gelber Mitte

Juli bis Oktober

Schließfrüchte mit einem Samen; Vermehrung durch Samen

dunkelgrün; keine Herbstfärbung; Pflanze wird nach der Blütezeit entfernt

ca. 40 cm hoch

ca. 20 cm breit

ca. 20 cm

ab März aus Samen vorziehen und die vorgezogenen Pflanzen ab Mai einpflanzen; Freilandaussaat ab Mai

durchlässig, locker, sandig oder lehmig

sonnig

Staudenbeet, Bauerngarten

nicht winterhart

Echter Mehltau, Asternwelke

nicht giftig

Entscheide dich beim Samenkauf am besten für gegen Asternwelke resistente Sorten.

Sommerastern sind leider aus vielen Gärten ein wenig verschwunden. Vielleicht wirken sie etwas altmodisch. Dabei sind sie so fröhlich bunt und passen wunderschön in einen herrlich warmen Altweibersommertag. Sie sind tolle Lückenfüller zwischen Stauden und lassen den Garten im Spätsommer noch einmal richtig erblühen. Sie lassen sich leicht aus Samen selbst heranziehen. Du kannst aber auch beim Gärtner vorgezogene Pflanzen kaufen. Achte beim Einpflanzen darauf, sie jedes Jahr an eine andere Stelle zu pflanzen. Damit beugst du der Asternwelke vor, und deine Pflanzen bleiben gesund.

Aster

Sortenempfehlung:
Aster dumosus 'Prof. Anton Kippenberg'

Korbblütler *Asteraceae*

ausdauernde krautige Pflanze

mehrere körbchenartige, blauviolette Blüten mit gelber Mitte an einem Blütenstand

September bis Oktober

Schließfrüchte mit Samen; Rhizome als Überdauerungsorgan; Vermehrung durch Teilung der Rhizome, Samen oder Stecklinge; Selbstaussaat möglich

dunkelgrün; keine Herbstfärbung; wintergrün

ca. 40 cm hoch

ca. 30 cm breit; zum Verwildern geeignet; teppichbildend

ca. 30 cm

von Frühling bis Herbst

durchlässig, locker, lehmig

sonnig

Staudenbeet, Beeteinfassungen, Bauerngarten

sehr winterhart

Echter Mehltau, Asternwelke

nicht giftig

Du kannst dich oft noch Ende Oktober an ihren letzten Blüten in einer Vase erfreuen. Astern sind im Herbst eine wichtige Pollen- und Nektarquelle.

Es gibt sehr viele verschiedene Asternsorten. Jede hat ihre eigenen Standortansprüche und wächst in unterschiedlichen Größen und Farben. Aber eins haben alle gemeinsam: Ihre farbigen Blütensternchen strahlen bei sonnigem Herbstwetter durch den ganzen Garten. Mit ihrer leuchtenden, gelben Mitte verbreiten sie viel Fröhlichkeit und lassen keine Herbstmelancholie aufkommen. Astern passen im Garten sehr gut zu lange blühenden Rosen oder auch zu Roter Gartenmelde.

Kerzenknöterich

Sortenempfehlung:
Bistorta amplexicaulis 'Speciosa'

- Knöterichgewächse *Polygonaceae*
- ausdauernde krautige Pflanze
- ährenartiger Blütenstand mit kleinen, roten Blüten
- Juli bis Oktober
- Nussfrüchte mit Samen; Rhizome als Überdauerungsorgan; Vermehrung durch Teilung der Rhizome, Stecklinge und durch Samen
- dunkelgrün; gelbe Herbstfärbung; verwelkt im Herbst und kann danach entfernt werden
- ca. 100 cm hoch
- ca. 50 cm breit; horstiger Wuchs; zum Verwildern geeignet; teppichbildend
- ca. 40 cm
- von Frühling bis Herbst
- durchlässig, locker, lehmig, feucht
- sonnig oder halbschattig
- Staudenbeet, naturnahes Beet, Bauerngarten
- winterhart
- Schnecken, Spinnmilbe
- schwach giftig
- Kerzenknöterich braucht viel Feuchtigkeit und eignet sich daher gut als bodendeckende Teichrandbepflanzung.

Eigenwillig und sehr dekorativ wirken die Ähren des Kerzenknöterichs. Mit den dunkelroten Blüten passt der Kerzenknöterich gut zu herbstlichen Anpflanzungen. Denn obwohl er schon im Juli zu blühen beginnt, ist seine blütenreichste Zeit im Herbst. Er breitet sich gerne und schnell aus. Deshalb solltest du für ihn von Anfang an viel Platz einplanen. Zusammen mit Herbstanemonen und Astern gepflanzt, wird dein Staudenbeet in der Herbstsonne zum Leuchten gebracht.

Oktober

WAS IST ZU TUN?

LAUB HARKEN

Der goldene Herbst beginnt nun richtig. Die Bäume ringsum färben sich rot und gelb und werfen bald ihre bunte Blätterpracht zu Boden. Eine der wichtigsten Gartenarbeiten im Oktober ist daher, das Laub von Rasenflächen und wintergrünen Pflanzen abzuharken. Unter liegen gebliebenem Laub würde es sonst zu faulen beginnen.

RASEN MÄHEN

Du könntest deinen Rasen ein letztes Mal vor dem Winter mähen.

ZWIEBELN UND KNOLLEN SETZEN

Auch im Oktober kann man noch Zwiebeln und Knollen setzen. Nach dem Pflanzen freuen sie sich über eine dünne Schicht frisch ausgestreuten Kompost.

KOMPOST WENDEN

Du kannst deinen Komposthaufen vor dem ersten Frost umsetzen und wenden.

PFLANZEN UND SCHÜTZEN

Du kannst im Oktober Hecken- und Ziersträucher pflanzen. Für das Pflanzen von wurzelnackten Rosen ist jetzt ebenfalls eine gute Zeit. Sie können so vor dem Winter noch neue Wurzeln bilden. Neupflanzungen und auch empfindliche, nicht so winterharte Rosen sollten unbedingt angehäufelt werden. Schütze sie mit etwas Tannenreisig vor Frost und Austrocknung.

GERÄTE WINTERFEST MACHEN

Entleere unbedingt Wasserschläuche, Beregnungsanlagen und Gießkannen und bewahre sie trocken auf.

Deine To-dos

Herbstanemone

Sortenempfehlung:
Anemone hupehensis 'Praecox'

Hahnenfußgewächse *Ranunculaceae*

ausdauernde krautige Pflanze

verzweigter, endständiger Blütenstand mit rosa Blüten

August bis Oktober

wollige Schließfrüchte mit Samen; lange Pfahlwurzeln als Überdauerungsorgan; Vermehrung durch Samen oder Wurzelschnittlinge; Selbstaussaat möglich

grün; keine Herbstfärbung; verwelkt im Herbst und kann danach entfernt werden

ca. 100 cm hoch

ca. 30 cm breit; horstiger, buschiger Wuchs

ca. 30 cm

im Frühling

durchlässig, locker, lehmig, feucht

sonnig

Staudenbeet, Blumenrabatte

bedingt winterhart: Pflanzen mit Tannenreisig vor Kahlfrösten schützen

Blattläuse

schwach giftig

Herbstanemonen dürfen nicht trocken stehen. Sie brauchen gleichmäßige Feuchtigkeit, aber keine Staunässe. Dann belohnen sie dich mit sehr vielen Blüten.

Herbstanemonen sind keine heimischen Pflanzen. *Anemone hupehensis* und *Anemone japonica* wurden erst im 19. Jahrhundert aus China und Japan hier bei uns eingeführt. Heute sind sie aber aus vielen Gärten nicht mehr wegzudenken und bereichern das Spätsommer- und Herbstblumenangebot sehr. Du kannst sie mit vielen Pflanzen kombinieren. Herbstanemonen bilden, besonders gemeinsam mit Patagonischem Eisenkraut, ein zauberhaft blühendes herbstliches Beet.

November

WAS IST ZU TUN?

WINTERSCHUTZ FÜR PFLANZEN

Im oft nebligen und trüben November beginnt im Garten die Winterruhe. Es duftet richtig nach Herbst und man möchte ganz tief durchatmen. Jetzt sollten alle empfindlichen Pflanzen, in rauen Lagen auch zweijährige Sommerblumen, gut mit Tannenreisig oder Laub vor Kälte geschützt sein. Es kann schon zu ersten Wintereinbrüchen kommen.

SAMENSTÄNDE STEHEN LASSEN

Vertrocknete Samenstände solltest du als Winterschutz und Unterschlupf für Insekten stehen lassen. Ich schneide vor dem Winter keine Stauden mehr herunter und lasse einfach fast alles, wie es ist. Der Frost kann dann viel weniger Schaden anrichten. Und im Winter bei Raureif oder Schnee sieht der Garten umso bezaubernder aus.

PFINGSTROSEN SCHNEIDEN

Pfingstrosen sollten im Oktober oder November heruntergeschnitten werden. Dadurch mindert man das Risiko für Grauschimmel.

GERÄTE EINLAGERN

Gartengeräte und Werkzeuge solltest du noch einmal richtig säubern, eventuell ölen und trocken lagern.

WASSERBEHÄLTER ENTLEEREN

Entleere nicht benötigte Wasserbehälter und Regentonnen, decke sie gut zu und stelle nach außen führende Wasseranschlüsse ab.

STAUDEN SCHÜTZEN

Wintergrüne Stauden sollten, so wie Rosen, einen Tannenreisigschutz bekommen. Bei zu viel Sonne könnten sie sonst in schneearmen Wintern austrocknen.

VÖGEL FÜTTERN

Spätestens jetzt solltest du mit der Winterfütterung der Vögel beginnen.

Deine To-dos

Lampionblume

Sortenempfehlung:
Physalis alkekengi var. franchettii 'Gigantea'

Nachtschattengewächse *Solanaceae*

ausdauernde krautige Pflanze

in den Blattachseln hängen kleine, weiße, trichterförmige Blüten

Juni bis Juli

Fruchthüllen mit roten Beeren, darin sind die Samen; Rhizome als Überdauerungsorgan; Vermehrung durch Ausläufer und Samen; Selbstaussaat möglich

dunkelgrün; keine Herbstfärbung; verwelkt im Herbst und wird bei der Ernte der Zierfrüchte entfernt

ca. 80 cm hoch

ca. 30 cm breit; aufrechter, überhängender Wuchs; zum Verwildern geeignet; stark ausläuferbildend

ca. 30 cm

im Frühling

durchlässig, locker, lehmig, trocken

sonnig oder halbschattig

Gehölzrand, Bauerngarten, naturnahes Beet

winterhart

Blattläuse

Beeren nicht essbar; schwach giftig

Ein großer Strauß getrockneter oranger Lampionblumen sieht besonders in einer weißen, hohen Vase ganz zauberhaft aus.

In herbstlichen Staudenbeeten wirken die Fruchthüllen der Lampionblume besonders eigenwillig und interessant. Die vielen kleinen, kräftig orangefarbenen Lampions sehen wie die Beleuchtung einer Blumenelfenparty aus. Du kannst sie wunderbar trocknen und in herbstlichen Gestecken und Sträußen verwenden. Die Staude ist außerdem sehr pflegeleicht und stellt kaum Ansprüche. Allerdings ist sie ein wenig gefährlich. Sie bildet sehr schnell viele Ausläufer und wuchert richtig. Wenn du sie also nicht im ganzen Garten haben möchtest, solltest du sie unbedingt innerhalb einer Wurzelsperre pflanzen.

Dezember

WAS IST ZU TUN?

PFLANZEN

Der dunkelste Monat im Jahr beginnt, und drinnen macht man es sich mit vielen Lichtern und Kerzen gemütlich. Ein paar Kleinigkeiten kann man im Garten zum Ende des Jahres aber noch tun. Bei frostfreiem Wetter sind sogar Pflanzungen möglich. Tulpenzwiebeln und auch wurzelnackte Rosen können in die Erde.

PFLANZEN SCHÜTZEN

Du kannst Gehölze und Rosen vor eventuellem Schneebruch schützen und mit lockeren Bändern abstützen. Christrosen kann man mit ein wenig Tannenreisig oder Laub schützen. Sie blühen umso eher.

GIEẞEN

Immergrüne Gewächse sollten im Winter bei milde, frostfreien Tagen immer mal gegossen werden. Sie überstehen den Winter dann besser, und es gibt keine Trockenheitsschäden.

VOGELFUTTER AUFFÜLLEN

Die Vögel brauchen im Dezember regelmäßig Futter. Wasser in einer Trinkschale solltest du immer wieder auftauen.

FÜẞE HOCHLEGEN

So sehr es lockt, jetzt im Dezember Reisighaufen und Holzstapel wegzuräumen, lass einfach alles bis zum Frühling liegen. Viele kleine Tiere nutzen diese Orte als Winterschlaf- und Rückzugsgebiete. Man würde sie nur aufscheuchen. Genieße diese gemütliche und kuschelige Zeit drinnen und mach schon ein paar Pläne für das nächste Gartenjahr. Es steht bald vor der Tür.

Deine To-dos

Christrose

Sortenempfehlung:
Helleborus niger 'Praecox'

- Hahnenfußgewächse *Ranunculaceae*
- ausdauernde krautige Pflanze
- endständige, schalenartige, weiße Einzelblüten
- Dezember bis März
- Balgfrucht mit Samen; Rhizome als Überdauerungsorgan; Vermehrung durch Teilung der Rhizome und durch Samen; Selbstaussaat möglich
- dunkelgrün; keine Herbstfärbung; wintergrün; verwelktes Laub kann man spätestens im Herbst vor dem winterlichen Austrieb abschneiden
- ca. 25 cm hoch
- ca. 30 cm breit; horstiger Wuchs
- ca. 30 cm
- von Frühling bis Herbst
- durchlässig, locker, lehmig, kalkhaltig
- halbschattig
- Gehölzrand, naturnahes Beet
- sehr winterhart
- Schnecken, Schwarzfleckenkrankheit
- hochgiftig
- Wichtiger Frühblüher für Insekten. Besonders schön wirken mehrere weiße Christrosen zusammen in einem naturnahen Beet.

Ihre Wurzeln und Rhizome sind schwarz, daher auch ihr Name *Helleborus niger*. Die Christrose blüht besonders in milden Wintern als eine der letzten Blumen zu dieser Jahreszeit. An einem geschützten Platz neben träuchern und im Winter laubfreien Gehölzen gedeiht sie optimal und zeigt ihre hübschen weißen Blüten oft bereits zur Weihnachtszeit. Die Sorte 'Praecox' fängt sogar schon im November an zu blühen. Ein Beet mit Christrosen, Schneeglöckchen und Winterlingen ist dann im voranschreitenden Winter ein kleiner Lichtblick im Garten und lässt dich schon vom nahenden Frühling träumen.

Naturnah und tierfreundlich

GÄRTNERN

Leider geht die Anzahl von Insekten, Vögeln und vielen anderen kleinen Lebewesen zurück. Das hat damit zu tun, dass es für sie immer weniger Lebensräume gibt. Unkräuter und Wildblumen, die natürliche Nahrung für unzählige Insekten, werden ebenfalls zurückgedrängt. Außerdem werden seit vielen Jahren in der Landwirtschaft Pestizide eingesetzt. Auch in Privatgärten wird schnell mal zu giftigen Mitteln gegriffen, die dann Nützlinge schädigen. Im folgenden Kapitel findest du Tipps für ungiftige Behandlungsmethoden, und wie du den Mitbewohnern in deinem Garten Lebensräume schaffen und für sie sorgen kannst, damit sie sich bei dir wohlfühlen.

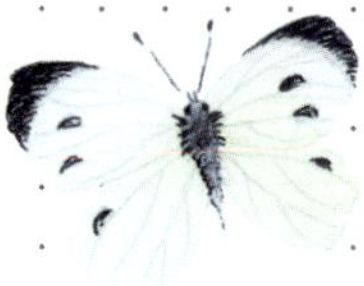

Lebensräume für Insekten und Tiere gestalten

Eigentlich ist ein insekten- und tierfreundlicher Garten eine einfache Angelegenheit. Man sollte ganz tiefenentspannt so weit wie möglich die Natur auch mal machen lassen und so wenig wie möglich aufräumen. Richte in deinem Garten ein paar wirklich wilde Bereiche ein.

BEREICHE FÜR UNKRAUT

Pflanze in deinen Garten nicht nur insektenfreundliche Kulturpflanzen, sondern lass in bestimmten Ecken auch Unkräuter zu. Unkraut- und Brennnesselecken fördern die Artenvielfalt in deinem Garten. Er kann sich viel besser ausbalancieren, und Nützlinge und Schädlinge haben ein ausgewogenes Verhältnis. Du wirst im Endeffekt gesündere Gartenpflanzen haben. Wenn du nicht sofort jedes Unkraut eliminierst, bist du auch selbst nicht gestresst.

BEREICHE FÜR TOTHOLZ

Lege an einer geeigneten Stelle im Garten eine Totholzecke an. Ein paar alte Baumstammstücke und alte Äste bilden einen hervorragenden Unterschlupf für Wildbienen, Hummeln, Amphibien und weitere Nützlinge.

WASSERSTELLEN

Mit einem kleinen Teich, einer Vogel- oder Insektentränke lockst du viele neue Gartenbewohner, wie zum Beispiel Frösche, Gartenvögel, Wildbienen, Wasserläufer und auch Libellen, an. Schädlingsbekämpfung

Verwende keine Pestizide zur Schädlingsbekämpfung. Damit schädigst du Nützlinge.

OFFENE BÖDEN

Versuche, deine Wege so wenig wie möglich mit Steinen oder Beton zuzubauen. Die Tiere in deinem Garten brauchen keine Wege. Kleine Trittplatten reichen eigentlich auch, und sie sind nicht so unbeweglich. Man kann sie immer mal woanders hinlegen. Die Erde bleibt so offener und wird nicht verdichtet.

WILDHECKEN

Wenn du den Platz hast, lege dir als Zaun und Sichtschutz eine Wildrosenhecke an. Sie bietet sehr vielen Gartenbewohnern Unterschlupf, blüht im Sommer herrlich und trägt im Herbst viele Hagebutten.

NISTHILFEN

Hänge Vogelhäuschen als Nisthilfen auf und füttere die Vögel im Winter.

ÜBERWINTERUNGSMÖGLICHKEITEN

Räume deinen Garten vor dem Winter nicht auf und lass so viel vertrocknetes Kraut und abgestorbene Stängel wie möglich stehen. Insekten suchen dort Unterschlupf und wissen sonst nicht, wohin. Lass im Herbst einige Laubhaufen für Igel als Überwinterungsmöglichkeit liegen.

Notizen

Insektenfreundlich Krankheiten und Schädlinge bekämpfen

Es gibt viele Arten von Krankheiten und Schädlingen. Mit manchen kann man eigentlich leben, mit anderen weniger. Ich persönlich vertrete eher die Ansicht, dass Pflanzen auch problemlos mit kleinen Handicaps ‚gedeihen. Einige Krankheiten oder Schädlinge kann ich daher mit Absicht übersehen. Meist kommen die passenden Nützlinge und freuen sich über leckere Schädlinge, wie die Marienkäfer über Blattläuse. Pestizide möchte ich nicht verwenden. Unser Garten soll kinder-, schmetterlings-, nützlings- und katzenfreundlich sein. Das muss, denke ich, jeder für sich selbst entscheiden. Möchtest du Krankheiten oder Schädlinge bekämpfen, versuche, auf biologische und ökologische Mittel zurückzugreifen. An dieser Stelle möchte ich dir einige pestizidfreie Methoden vorschlagen.

EINIGE NATÜRLICHE MITTEL ZUR BEKÄMPFUNG VON KRANKHEITEN UND SCHÄDLINGEN

- **Brennnesseljauche als Stärkungsmittel:** Sie entsteht durch das Fermentieren von Brennnesseln. 1 kg frische Brennnesseln werden mit 10 l Regenwasser übergossen und gut abgedeckt stehen gelassen. Du solltest jeden Tag kurz umrühren. Nach ca. 14 Tagen, wenn beim Umrühren keine Blasen mehr aufsteigen, ist die Jauche fertig. Sie wird 1:10 mit Wasser verdünnt und kann versprüht oder als Dünger zum Gießen verwendet werden.

- **Frischmilchaufguss gegen Pilzkrankheiten:** Frische, nicht pasteurisierte Milch wird mit Wasser in einem Verhältnis von 1:8 gemischt und kann sofort zum Versprühen verwendet werden.

- **Ackerschachtelhalmbrühe gegen Pilzkrankheiten:** 1,5 kg zerkleinerte Ackerschachtelhalme werden 24 Stunden in Wasser eingeweicht und danach kurz aufgekocht. Nach dem Abseihen der Pflanzenreste kann die Brühe, im Verhältnis 1:5 mit Wasser verdünnt, vorbeugend auf gefährdete Pflanzen versprüht werden.

Notizen

Krankheiten

ECHTER MEHLTAU

Dieser Pilz ist ein Schönwetterpilz. Er braucht Wärme und morgens etwas Tau, um sich auszubreiten. Regen mag er nicht, der würde seine Sporen abwaschen. Echter Mehltau zeigt sich als weißlich-mehliger Belag auf der Blattoberseite. Befallene Blätter sollte man abschneiden und über den Hausmüll entsorgen. Die restliche Pflanze lässt sich gut behandeln, wenn man sie mit einem Frischmilchaufguss (siehe S. 154) besprüht. Das kann man gegebenenfalls nach ein paar Tagen wiederholen.

FALSCHER MEHLTAU

Der Falsche Mehltau ist weißlich-lila und zeigt sich an der Blattunterseite. Auf der Blattoberseite schimmert er gelb durch. Er tritt im Gegensatz zum Echten Mehltau in feuchten, regnerischen Sommern auf. Man kann ihm vorbeugen, indem man ausreichend Platz zwischen den Pflanzen lässt, damit sie schnell trocknen können. Befallene Blätter müssen herausgeschnitten und mit dem Hausmüll entsorgt werden.

GRAUSCHIMMELFÄULE

Der Grauschimmel ist ein flexibler Pilz, der verschiedene Pflanzen befallen kann. Grauschimmel kann eine Pflanze so stark schädigen, dass sie eingeht. Wenn du ihn an deinen Pflanzen entdeckst, solltest du ihn bis zum gesunden Gewebe komplett und sofort herausschneiden und über den Hausmüll entsorgen. Die dazu genutzte Gartenschere muss desinfiziert werden, damit du mit dieser keine weiteren Pflanzen ansteckst. Du kannst der Grauschimmelfäule vorbeugen, indem du den Pflanzen genügend Abstand gibst. Präventiv wirken auch Knoblauch, Schnittlauch oder Zwiebeln in Mischkultur mit anfälligen Pflanzen.

ASTERNWELKE

Der Pilz, der die gefürchtete Asternwelke auslöst, befällt nicht nur Astern, sondern auch den Boden unter den Pflanzen. Wenn die Triebe von Astern welken und vergilben und ihre Stängel gelb werden, musst du die befallenen Pflanzen sofort entfernen und über den Hausmüll entsorgen. An diese Stelle sollten dann 5–7 Jahre keine Astern gepflanzt werden, weil der Pilz in der Erde so lange überlebt. Vorbeugend kannst du Sommerastern immer wieder an andere Stellen im Garten pflanzen.

ROSTPILZE

Es gibt verschiedene Rostpilze. Man erkennt sie an ihrer auffälligen, rostrot-orangen Farbe. Achte auf ausreichenden Abstand zwischen den Pflanzen, damit sie bei Feuchtigkeit schnell abtrocknen können. Unter dem Blattwerk gießen, damit es trocken bleibt. Regelmäßiges Sprühen mit Ackerschachtelhalmbrühe (siehe S. 154) bei trockenem Wetter wirkt vorbeugend. Bei ersten Anzeichen befallene Blätter entsorgen und 3 Tage hintereinander sprühen.

KOHLHERNIE

Der Pilz, der die Kohlhernie verursacht, befällt gern die Wurzeln von Kreuzblütlern. An den Wurzeln kommt es dann zu Wucherungen, die die Wasseraufnahme verringern. Betroffene Pflanzen werden geschwächt und sterben dann ab. Sie sollten schnellstmöglich über den Hausmüll entsorgt werden. An dieser Stelle sollten 7 Jahre keine anderen Kreuzblütler gepflanzt werden. Der Pilz überlebt leider so lange im Boden.

SCHWARZFLECKENKRANKHEIT

Diese Pilzkrankheit befällt gern Christrosen und Lenzrosen. Die Blätter bekommen schwarze Flecken und sterben ab. Staunässe begünstigt das Fortschreiten der Krankheit. Es hilft nur radikales Abschneiden aller befallenen Blätter und Pflanzenteile. Die Pflanze erholt sich meist schnell wieder.

STERNRUßTAU

Auf mit diesem Pilz befallenen Blättern zeigen sich sternchenförmig ausbreitend schwarze Flecken. Sie führen zum Absterben der Blätter und können die befallene Pflanze entlauben. Dadurch wird sie geschwächt und kann später eingehen. Zur Prävention kann man gefährdete Pflanzen ab dem Frühjahr mit Brennnesseljauche gießen. Das Besprühen mit Ackerschachtelhalmbrühe kann ebenso helfen. Die Zubereitungsempfehlung für diese Mittel findest du auf S. 154.

Schädlinge

BLATTLÄUSE

Blattläuse sind oft an Rosen und vielen anderen Zierpflanzen zu finden. Kombiniere Rosen beim Einpflanzen mit Bohnenkraut, Lavendel, Rosmarin, Ringelblumen, Knoblauch oder Salbei. Den Duft dieser Pflanzen mögen Blattläuse nicht. Die Läuse auf befallenen Pflanzentrieben kann man mit den Händen abstreifen. Auch 4 Tage alte Brennnesseljauche, 1:50 versprüht, ist ein sehr gutes Mittel gegen Blattläuse. Du kannst jedoch auch einfach abwarten. Die Pflanzen gehen von Läusen nicht ein. Nach 2 Wochen sind die Blattläuse meist durch Nützlinge wie Marienkäfer verschwunden.

DICKMAULRÜSSLER

Dieser schwarzgraue, 1 cm große Käfer ist sehr hartnäckig und lässt sich schlecht bekämpfen. Er kann an deinen Pflanzen großen Schaden anrichten, indem er ihre Blätter frisst. Schlimmer ist es jedoch, wenn er seine Eier in die Erde an den Wurzeln deiner Pflanzen ablegt. Die daraus entstehenden Larven fressen die feinen Haarwurzeln komplett weg. Die Pflanzen können dann kein Wasser mehr aufnehmen und gehen ein. Der Dickmaulrüssler ist nachtaktiv. Du kannst ihn nachts mit einer Taschenlampe suchen und absammeln. Im Handel gibt es außerdem entsprechende Nematoden zu kaufen, die als natürliche Feinde Larven, Puppen und Jungkäfer des Schädlings bekämpfen.

LILIENHÄHNCHEN

Lilienhähnchen sind rote, glänzende, ca. 7 mm große Käfer. Sie und ihre Larven richten erhebliche Fraßschäden an befallenen Pflanzen an. Das Absammeln der roten Käfer oder das Entfernen der Larven mit einem harten Wasserstrahl hilft am besten. Den Duft von Basilikum mögen sie überhaupt nicht. Eine Mischkultur mit Basilikum lohnt sich also zur Abschreckung.

NARZISSENFLIEGEN

Sie sehen aus wie pelzige Schwebfliegen und sind für Narzissen und einige andere Frühblüher gefährlich. Ihre Larven kriechen in die Zwiebeln von Frühblühern und höhlen sie von innen aus. Zurück bleibt eine matschige Zwiebel, aus der stinkender Schleim quillt. Danach sind die Pflanzen extrem geschwächt und treiben wenig aus. Wenn man solche Zwiebeln rechtzeitig entdeckt, kann man sie 2 Stunden in 45 °C heißem Wasser behandeln. Ansonsten hilft leider nur Ausgraben und über den Hausmüll entsorgen.

ROSENBLATTROLLWESPE

Im Mai kannst du ihr Schadbild an Rosen finden. Einige ihrer Blätter rollen sich auf einmal wie kleine Zigarren zusammen und sterben ab. Die winzigen, kaum sichtbaren Larven der Rosenblattrollwespe sind dafür verantwortlich. Sie fressen sich so lange satt, bis das Blatt abfällt. Auf der Erde verpuppen sie sich dann, um im nächsten Jahr wieder viele neue Eier auf Rosenblättern abzulegen.

Sie schaden der Rose zwar nicht, sehen aber auch nicht besonders schön aus. Du kannst sie ein wenig eindämmen, wenn du alle befallenen Blätter abschneidest und über den Hausmüll entsorgst. Ganz los wird man sie nicht. Es gibt besonders bei großen Strauchrosen immer ein paar vergessene zusammengerollte Blätter.

ROSENTRIEBBOHRER

Wie der Name schon sagt, bohren sich die Larven der Blattwespe entweder von oben nach unten oder von unten nach oben durch den frischen Trieb einer Rose. Dieser stirbt dann ab. Da hilft nur eins: befallene Triebe sofort herausschneiden und über den Hausmüll entsorgen.

SCHNECKEN

Schnecken sind nicht gleich Schnecken. Gehäuseschnecken richten lange nicht so viel Schaden im Garten an wie Nacktschnecken. Während Nacktschnecken auch frische Pflanzen wollen, fressen Gehäuseschnecken meist welkes und abgestorbenes Blattwerk. Weinbergschnecken sind sogar nützlich, weil sie die Eier von Nacktschnecken fressen. Ich habe mittlerweile viele Weinbergschnecken und so finde ich kaum noch Nacktschnecken in meinem Garten. Wenn du viel zu viele Schnecken hast, kannst du empfindliche Pflanzen mit einem Schneckenzaun schützen. Das Absammeln von Schnecken ist ebenso eine gute Lösung. Am besten bringst du die Schnecken dann raus in die Natur. Etwas Futter mit welken Blättern oder Gemüseresten bereitzustellen, stellt eine weitere Lösungsmöglichkeit dar. Gehäuseschnecken lassen dann frische Pflanzen in Ruhe. Und wenn du deine Beete im Herbst noch einmal überhackst, freuen sich Vögel über freigelegte Schneckeneier und es gibt im nächsten Jahr etwas weniger Schnecken.

WÜHLMÄUSE

Du kannst von Anfang an deine Blumenzwiebeln beim Einpflanzen mit Drahtkörben schützen, damit Wühlmäuse sie nicht fressen. Narzissen, Kaiserkronen und auch im Garten wachsenden Knoblauch mögen sie nicht so gern. Außerdem kannst du ihren Feinden, wie den Mauswieseln und den Mardern, freien Zutritt zu deinem Garten gewähren. Auch von Katzen werden sie ganz gern gejagt.

ca. 1,20m
3x Sonnenhut
1x Steppensalbei
ca. 3,00m
Tulpen
Tulpen
ca. 1,20m
ca. 3,00m

Beetpläne, Blühkalender

UND DEINE EIGENEN NOTIZSEITEN

In diesem Kapitel findest du einige Vorschläge für Beetgestaltungen und einen Blühkalender, auf dem du gut sehen kannst, welche Pflanzen gleichzeitig blühen, und der dir bei der Planung deines Ziergartens nützlich sein kann. Außerdem hast du auf den leeren Notizseiten am Ende Platz für deine eigenen Beetpläne, Ideen, Pflanzenwunschzettel, Einkaufsübersichten und To-do-Listen.

Sonniges Beet

IM FRÜHLING

Im April und Mai blühen in diesem Beet als Erstes die Tulpen und Vergissmeinnicht. Nach dem Verblühen und Versamen wird das welke Kraut des Vergissmeinnichts entfernt. Die Tulpen werden nach dem Verwelken der Blätter aus dem Beet genommen und bis zum Herbst eingelagert. Einen ruhigen Beetmittelpunkt bildet die Portlandrose 'Jacques Cartier'. Sie wird erst später blühen. Auf der rechten Seite des Beetes kann man im Frühling schon die kleinen mehrjährigen Pflänzchen der verschiedenen Phloxsorten sehen. Sie haben ihre schönste Zeit erst im Sommer und Spätsommer. Auf der folgenden Seite kannst du die Ansicht dieses Beetes im Spätsommer sehen.

PFLANZEN IM BEET

Eingesätes Waldvergissmeinnicht
Myosotis sylvatica (Wildform)

10 x Lilienblütige Tulpe
Tulipa 'Ballerina'

10 x Lilienblütige Tulpe
Tulipa 'China Pink'

10 x Tulpe
Tulipa 'Van Eijk'

10 x Tulpe
Tulipa 'Marilyn'

1 x Portlandrose
Rosa portlandica 'Jacques Cartier'

1 x Phlox
Phlox paniculata 'Bright Eyes'

1 x Phlox
Phlox paniculata 'Blue Paradise'

1 x Phlox
Phlox paniculata 'Raving Beauty'

1 x Phlox
Phlox paniculata 'Violet Flame'

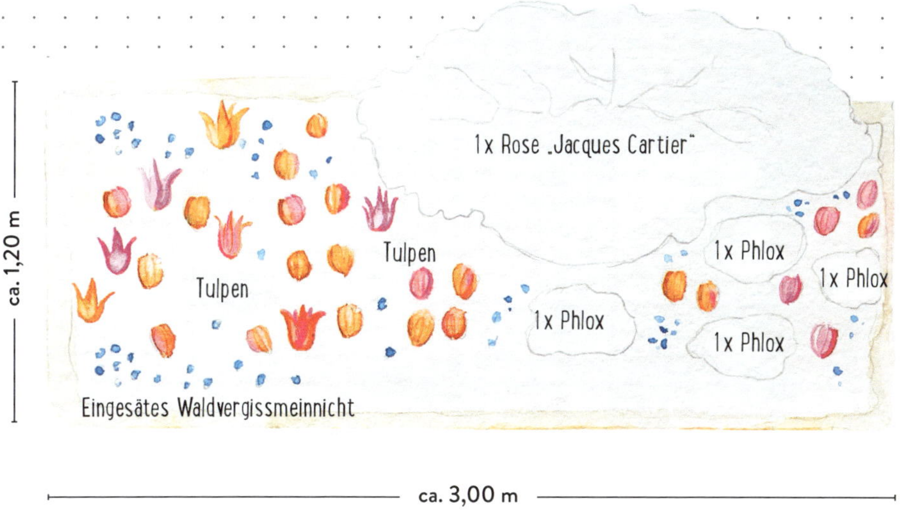
1x Rose „Jacques Cartier"
Tulpen
Tulpen
1x Phlox
1x Phlox
1x Phlox
1x Phlox
Eingesätes Waldvergissmeinnicht
ca. 1,20 m
ca. 3,00 m

Sonniges Beet
IM SPÄTSOMMER

Spätestens im Juni wird die linke Seite des Beetes frei. Leere Stellen entstehen oft nach der Blütezeit von Frühblühern. Man kann solche Plätze mit einjährigen Sommerblumen füllen. Das kann in jedem Jahr variiert werden. Hier wurden vorgezogene Sommerastern verwendet. Sie passen im Spätsommer mit ihren fröhlichen Farben zur rosa Nachblüte der Portlandrose und zum rosa und violetten Phlox.

PFLANZEN IM BEET

7 x Sommeraster
Callistephus chinensis 'Princess Mix'

1 x Portlandrose
Rosa portlandica 'Jacques Cartier'

1 x Phlox
Phlox paniculata 'Bright Eyes'

1 x Phlox
Phlox paniculata 'Blue Paradise'

1 x Phlox
Phlox paniculata 'Raving Beauty'

1 x Phlox
Phlox paniculata 'Violet Flame'

1x Rose „Jacques Cartier"
7 x Sommeraster
1x Phlox
1x Phlox
1x Phlox
1x Phlox
ca. 1,20 m
ca. 3,00 m

Frühsommerbeet

IM SCHATTEN

Es gibt viele Pflanzen, die es schattig mögen und die besonders etwas dunkleren Orten im Garten einen großen Auftritt verschaffen können. Schildfarn und Salomonssiegel passen als formgebende Pflanzen gut zum zierlichen Maiglöckchen, der schlanken und feinen Akelei, der romantischen Glockenblume und dem hochwachsenden Fingerhut. Maiglöckchen und Glockenblumen verwildern gern und werden am richtigen Standort mit der Zeit immer mehr. Akelei und Fingerhut lässt du einfach aussamen. So ergeben sich in jedem Jahr neue Ansichten in deinem Schattenbeet.

PFLANZEN IM BEET

1 x Schildfarn
Polystichum setiferum 'Proliferum'

3 x Heimischer Fingerhut
Digitalis purpurea (Wildform)

3 x Zweiblütiges Salomonssiegel
Polygonatum biflorum

8 x Maiglöckchen
Convallaria majalis (Wildform)

3 x Pfirsichblättrige Glockenblume
Campanula persicifolia 'Grandiflora Coerulea'

3 x Kurzspornige Akelei
Aquilegia vulgaris (Wildform)

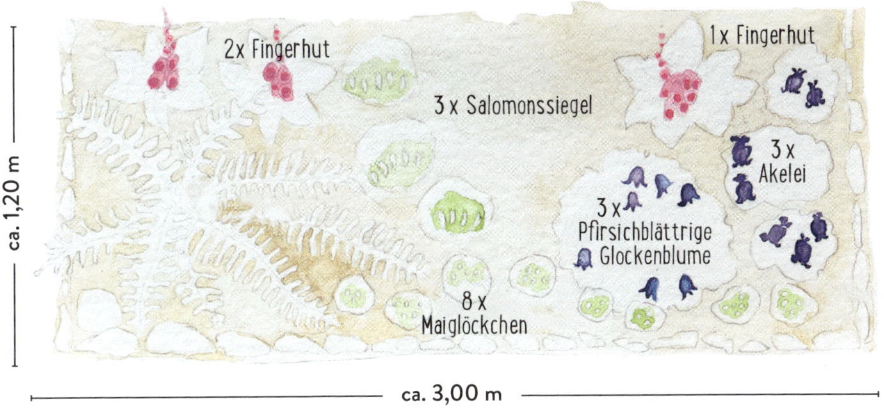

2x Fingerhut
1x Fingerhut
3 x Salomonssiegel
3 x
Akelei
3 x
Pfirsichblättrige
Glockenblume
8 x
Maiglöckchen
ca. 1,20 m
ca. 3,00 m

Spätsommerbeet

IN DER SONNE

Dieses Beet wirkt besonders im Spätsommer, wenn alle Pflanzen in warmen Farben blühen, am schönsten. Das Patagonische Eisenkraut und die Rote Melde im Hintergrund geben dieser Pflanzenkombination viel Leichtigkeit. Schmetterlinge, die besonders das Eisenkraut lieben, verstärken diesen Eindruck noch. Diese beiden Pflanzen samen im Herbst für das Folgejahr aus. Steppensalbei, Sonnenhut und Kerzenknöterich sind Stauden, die sich mit der Zeit ausbreiten und viel Platz brauchen. Unkraut hat so wenig Möglichkeit zu wachsen.

PFLANZEN IM BEET

3 x Sonnenhut
Rudbeckia fulgida var. *sullivantii* 'Goldsturm'

3 x Patagonisches Eisenkraut
Verbena bonariensis (Wildform)

1 x Steppensalbei
Salvia nemorosa 'Caradonna'

4 x Kerzenknöterich
Bistorta amplexicaulis 'Speciosa'

2 x Rote Gartenmelde
Atriplex hortensis var. *rubra* (Wildform)

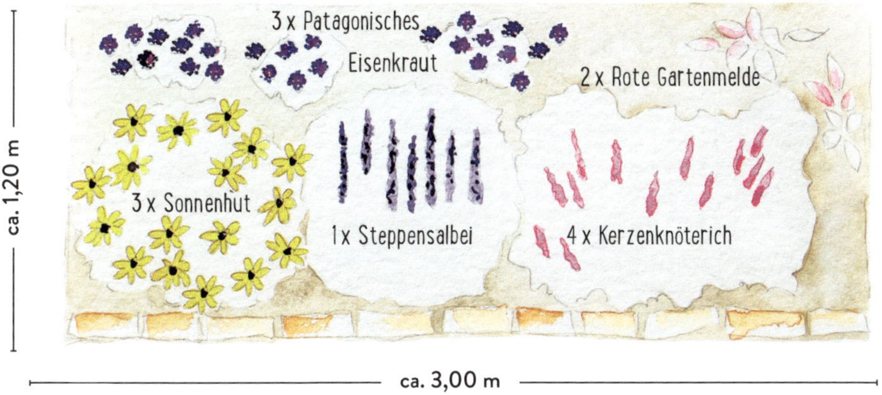
3 x Patagonisches Eisenkraut
2 x Rote Gartenmelde
3 x Sonnenhut
1 x Steppensalbei
4 x Kerzenknöterich
ca. 1,20 m
ca. 3,00 m

Sommerbeet

FÜR TROCKENE SOMMER

Den Pflanzen in diesem Vorschlag macht ein trockener Sommer wenig aus, und sie gedeihen auch mit einer geringen Menge an Wasser. Dieses Beet hat mehrere attraktive Ansichten. Die grünlich-gelbe Wolfsmilch hat eine lange Blütezeit. Im Frühling blüht sie gemeinsam mit den weißen Hornkrautblüten und später im Sommer zusammen mit der zartrosa Wildrose *Rosa glauca* und dem blauvioletten Lavendel. Im Herbst hat dann der Lavendel oft noch eine Nachblütezeit und sieht zu den roten Hagebutten der Wildrose und dem silbrig grauen Laub des Hornkrauts wunderschön aus.

PFLANZEN IM BEET

6 x Filziges Hornkraut
Cerastium tomentosum 'Silberteppich'

1 x Mediterrane Wolfsmilch
Euphorbia characias ssp. wulfenii (Wildform)

1 x Hechtrose
Rosa glauca (Wildform)

2 x Lavendel
Lavandula angustifolia 'Hidcote Blue'

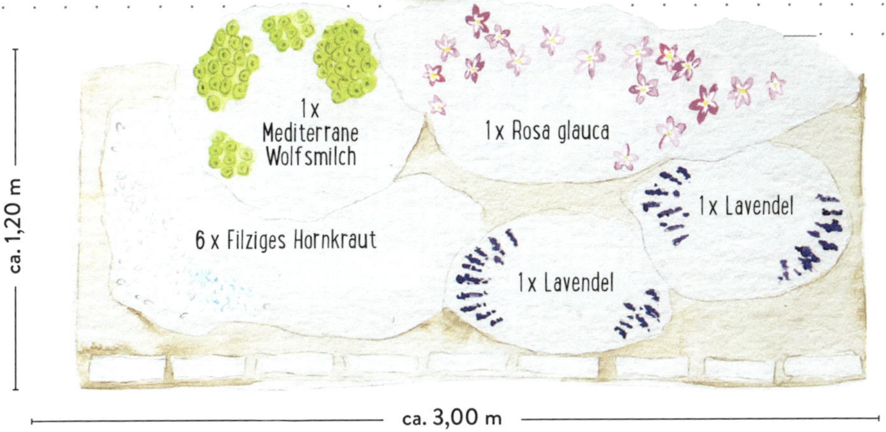
1x
Mediterrane
Wolfsmilch
1x Rosa glauca
1x Lavendel
6 x Filziges Hornkraut
1x Lavendel
ca. 1,20 m
ca. 3,00 m

Blüh- und Fruchtzeitenkalender

In diesem Kalender findest du nicht nur die Blühzeiten meiner Lieblingspflanzen. Einige Pflanzen haben des Weiteren eine Zeit, in der sie ganz besonders schön sind. Sie schmücken sich dann mit farbenfrohen Früchten, Fruchtkapseln oder, wie der Farn, mit eigenartig geformten, aufgerollten Blättern. Diese Zeit habe ich als Fruchtschmuckzeit gekennzeichnet. Bei den Zeitangaben handelt es sich um durchschnittliche Werte. Es ist möglich, dass sich Blühzeiten bis zu 2 Wochen verschieben können. Nach einem harten Winter und kalten Frühling blüht etliches später. Dafür kann die Natur nach einem besonders milden Winter viel früher erwachen.

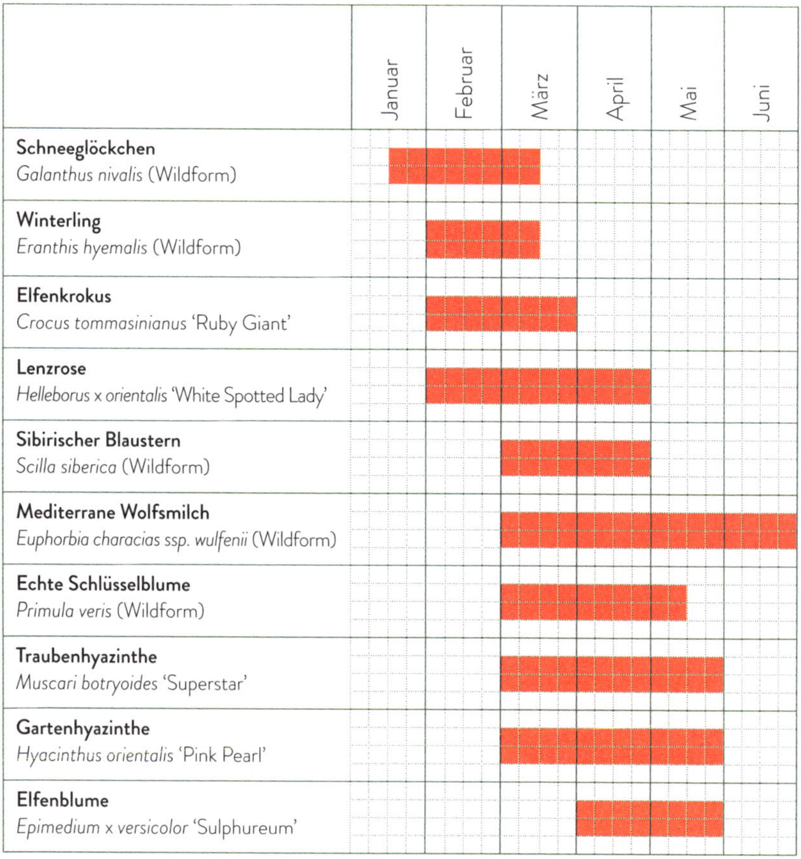

Betrachte diese Angaben als Richtwerte, die je nach Sorte, Witterung und klimatischen Bedingungen von dieser Tabelle abweichen können.

Hauptblütezeit · Nachblütezeit · Blatt- oder Fruchtschmuck

	Juli	August	September	Oktober	November	Dezember
Schneeglöckchen *Galanthus nivalis* (Wildform)						
Winterling *Eranthis hyemalis* (Wildform)						
Elfenkrokus *Crocus tommasinianus* 'Ruby Giant'						
Lenzrose *Helleborus x orientalis* 'White Spotted Lady'						
Sibirischer Blaustern *Scilla siberica* (Wildform)						
Mediterrane Wolfsmilch *Euphorbia characias ssp. wulfenii* (Wildform)						
Echte Schlüsselblume *Primula veris* (Wildform)						
Traubenhyazinthe *Muscari botryoides* 'Superstar'						
Gartenhyazinthe *Hyacinthus orientalis* 'Pink Pearl'						
Elfenblume *Epimedium x versicolor* 'Sulphureum'						

	Januar	Februar	März	April	Mai	Juni
Goldlack *Erysimum-Hybride* ‚Bowles Mauve'				■	■	■
Tulpe *Tulipa* ‚Marilyn'				■	■	
Weiße Narzisse *Narcissus poeticus* 'Actaea'				■	■	
Kaiserkrone *Fritillaria imperialis* 'Rubra Maxima'				■	■	
Sommerknotenblume *Leucojum aestivum* 'Gravetye Giant'				■	■	
Zierlauch *Allium-Hybride* 'Globemaster'					■	■
Waldvergissmeinnicht *Myosotis sylvatica* (Wildform)				■	■	■
Maiglöckchen *Convallaria majalis* (Wildform)					■	■
Zweiblütiges Salomonssiegel *Polygonatum biflorum* (Wildform)					■	■
Schildfarn *Polystichum setiferum* 'Proliferum'					■	
Kurzspornige Akelei *Aquilegia vulgaris* (Wildform)					■	■
Schwertlilie *Iris germanica* 'Florentina'					■	■
Felsen-Storchschnabel *Geranium macrorrhizum* 'Czakor'					■	■
Apotheker-Pfingstrose *Paeonia officinalis* (Wildform)					■	■
Filziges Hornkraut *Cerastium tomentosum* 'Silberteppich'					■	■
Jungfer im Grünen *Nigella damascena* 'Miss Jekyll'						■
Purpurglöckchen *Heuchera sanguinea* 'Leuchtkäfer'						■

Hauptblütezeit | Nachblütezeit | Blatt- oder Fruchtschmuck

	Juli	August	September	Oktober	November	Dezember
Goldlack *Erysimum-Hybride* 'Bowles Mauve'	Nachblütezeit	Nachblütezeit	Nachblütezeit	Nachblütezeit		
Tulpe *Tulipa* ‚Marilyn'						
Weiße Narzisse *Narcissus poeticus* 'Actaea'						
Kaiserkrone *Fritillaria imperialis* 'Rubra Maxima'						
Sommerknotenblume *Leucojum aestivum* 'Gravetye Giant'						
Zierlauch *Allium-Hybride* 'Globemaster'	Hauptblütezeit					
Waldvergissmeinnicht *Myosotis sylvatica* (Wildform)						
Maiglöckchen *Convallaria majalis* (Wildform)						
Zweiblütiges Salomonssiegel *Polygonatum biflorum* (Wildform)						
Schildfarn *Polystichum setiferum* 'Proliferum'						
Kurzspornige Akelei *Aquilegia vulgaris* (Wildform)						
Schwertlilie *Iris germanica* 'Florentina'						
Felsen-Storchschnabel *Geranium macrorrhizum* 'Czakor'	Hauptblütezeit					
Apotheker-Pfingstrose *Paeonia officinalis* (Wildform)						
Filziges Hornkraut *Cerastium tomentosum* 'Silberteppich'						
Jungfer im Grünen *Nigella damascena* 'Miss Jekyll'	Hauptblütezeit	Nachblütezeit	Nachblütezeit			
Purpurglöckchen *Heuchera sanguinea* 'Leuchtkäfer'	Hauptblütezeit					

	Januar	Februar	März	April	Mai	Juni
Staudenlein *Linum perenne* 'Nanum Saphir'						■
Weicher Frauenmantel *Alchemilla mollis* (Wildform)						■
Staudenwicke *Lathyrus latifolius* 'Rote Perle'						■
Pfirsichblättrige Glockenblume *Campanula persicifolia* 'Grandiflora Coerulea'					■	■
Rotblühende Spornblume *Centranthus ruber* 'Coccineus'						■
Echter Lavendel *Lavandula angustifolia* 'Hidcote Blue'						■
Steppensalbei *Salvia nemorosa* 'Caradonna'						■
Waldgeißbart *Aruncus dioicus* (Wildform)						■
Heimischer Fingerhut *Digitalis purpurea* (Wildform)					■	■
Hechtrose *Rosa glauca* (Wildform)						■
Gallicarose *Rosa gallica* 'Rosa Mundi'						■
Portlandrose *Rosa portlandica* 'Jacques Cartier'						■
Cosmea *Cosmos bipinnatus* 'Sensation'						
Phlox *Phlox paniculata* 'Bright Eyes'						
Patagonisches Eisenkraut *Verbena bonariensis* (Wildform)						
Sonnenhut *Rudbeckia fulgida var. sullivantii* 'Goldsturm'						
Rote Gartenmelde *Atriplex hortensis var.* (Wildform)						

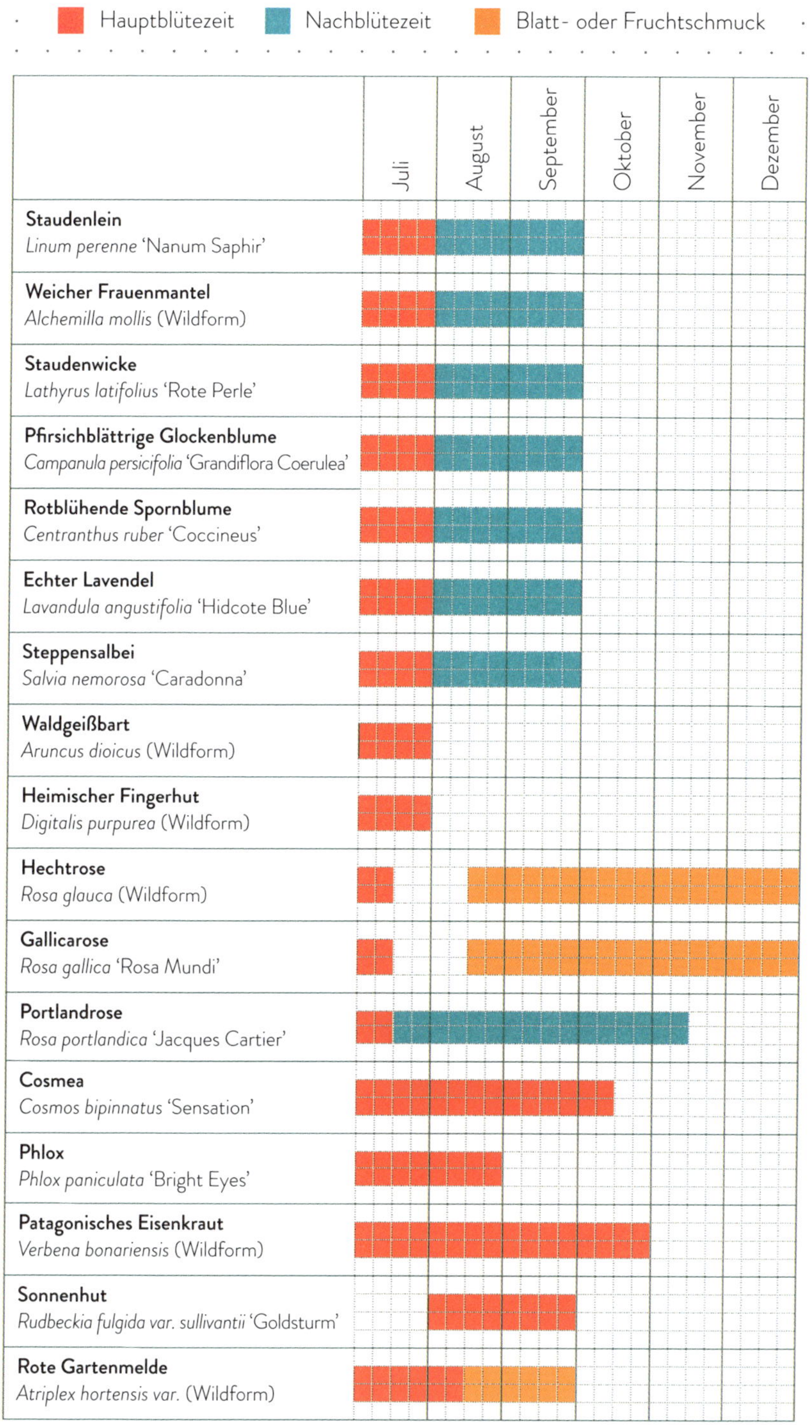
Hauptblütezeit
Nachblütezeit
Blatt- oder Fruchtschmuck
Juli
August
September
Oktober
November
Dezember
Staudenlein
Linum perenne 'Nanum Saphir'
Weicher Frauenmantel
Alchemilla mollis (Wildform)
Staudenwicke
Lathyrus latifolius 'Rote Perle'
Pfirsichblättrige Glockenblume
Campanula persicifolia 'Grandiflora Coerulea'
Rotblühende Spornblume
Centranthus ruber 'Coccineus'
Echter Lavendel
Lavandula angustifolia 'Hidcote Blue'
Steppensalbei
Salvia nemorosa 'Caradonna'
Waldgeißbart
Aruncus dioicus (Wildform)
Heimischer Fingerhut
Digitalis purpurea (Wildform)
Hechtrose
Rosa glauca (Wildform)
Gallicarose
Rosa gallica 'Rosa Mundi'
Portlandrose
Rosa portlandica 'Jacques Cartier'
Cosmea
Cosmos bipinnatus 'Sensation'
Phlox
Phlox paniculata 'Bright Eyes'
Patagonisches Eisenkraut
Verbena bonariensis (Wildform)
Sonnenhut
Rudbeckia fulgida var. sullivantii 'Goldsturm'
Rote Gartenmelde
Atriplex hortensis var. (Wildform)

	Januar	Februar	März	April	Mai	Juni
Sommeraster *Callistephus chinensis* 'Princess Mix'						
Aster *Aster dumosus* 'Prof. Anton Kippenberg'						
Kerzenknöterich *Bistorta amplexicaulis* 'Speciosa'						
Herbstanemone *Anemone hupehensis* 'Praecox'						
Lampionblume *Physalis alkekengi var. franchettii* 'Gigantea'						
Christrose *Helleborus niger* 'Praecox'						

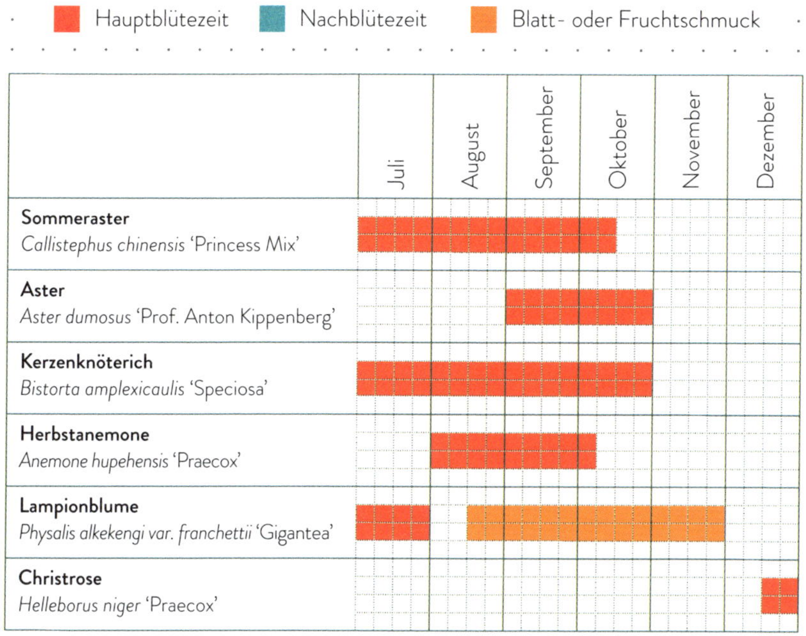
Hauptblütezeit
Nachblütezeit
Blatt- oder Fruchtschmuck
Juli
August
September
Oktober
November
Dezember
Sommeraster
Callistephus chinensis 'Princess Mix'
Aster
Aster dumosus 'Prof. Anton Kippenberg'
Kerzenknöterich
Bistorta amplexicaulis 'Speciosa'
Herbstanemone
Anemone hupehensis 'Praecox'
Lampionblume
Physalis alkekengi var. franchettii 'Gigantea'
Christrose
Helleborus niger 'Praecox'

Notizen

Bezugsquellen und Quellenangaben

QUELLENANGABEN

Aus folgenden Quellen und Fachbüchern hole ich mir seit vielen Jahren Fakten und wissenswerte Ratschläge:

EMPFEHLENSWERTE LITERATUR:

„Rat für jeden Gartentag" von Franz Böhmig

„Altes Gärtnerwissen wiederentdeckt" von Inga-Maria Richberg

EMPFEHLENSWERTE WEBLINKS:

www.nabu.de

roses.shoutwiki.com

www.helpmefind.com

www.landwirtschaftskammer.de

www.boden-fachzentrum.de

www.umweltbundesamt.de

Die übrigen Informationen beruhen auf meinen persönlichen Erfahrungen, die ich in meinem Garten gesammelt habe.

EMPFEHLENSWERTE BEZUGSQUELLEN FÜR SAMEN UND PFLANZEN

www.baumschule-horstmann.de

www.gaissmayer.de

www.gaertnerland.de

www.staudenschmiede.de

www.agel-rosen.de

www.rosenhof-schultheis.de

www.rosen.de

Glossar

- **Ausdauernde Pflanze**
  So werden krautige Pflanzen bezeichnet, die mehrere Jahre alt werden können und jedes Jahr neu blühen.

- **Kahlfrost**
  Wird auch Barfrost genannt, und bedeutet Frost ohne Schneeschutz. Er kann selbst winterharten Pflanzen gefährlich werden. Es kann zusammen mit Sonneneinstrahlung zu Trockenheitsschäden kommen.

- **Blütenstand**
  So wird der mehr oder weniger verzweigte, vegetative Teil einer Samenpflanze benannt, der ihre Blüten trägt.

- **Einjährige Pflanze**
  Das sind kurzlebige, krautige Pflanzen, die von der Keimung bis zur Reife des neuen Samens nur eine Vegetationsperiode brauchen und danach absterben.

- **Endständig**
  Wenn sich die Blüten direkt an der Spitze, oder genauer gesagt am Ende des Pflanzenstängels befinden, bedeutet das, sie blühen endständig.

- **Halbstrauch, Strauch**
  Das sind mehrjährige, teilweise (Halbstrauch) oder ganz verholzende Pflanzen (Strauch).

- **Immergrüne Pflanze**
  Die Blätter von immergrünen Pflanzen fallen erst nach mehreren Vegetationsperioden unbemerkt ab. Die Pflanzen wirken daher immer gleichbleibend grün belaubt.

- **Kaltkeimer**
  Die Samen dieser Pflanzen benötigen eine Zeit lang tiefe Temperaturen, um zu keimen, ein Beispiel wäre das Patagonische Eisenkraut.

- **Krautige Pflanze**
  Sie sind das Gegenstück zu Halbsträuchern und Sträuchern. Ein-, zwei- oder mehrjährige Pflanzen, die nicht oder nur ganz wenig verholzen.

- **Mehrjährige Pflanze**
  Im gärtnerischen Sinn meint man damit krautige Pflanzen, die jedes Jahr wieder neu blühen und Samen ausbilden können. Man kann auch den Begriff ausdauernde Pflanze verwenden.

- **Pestizide**
  Industriell hergestellte chemisch-synthetische Stoffkombinationen, die giftig auf unerwünschte Organismen wirken. Spezielle Pestizide sind zum Beispiel: Fungizide gegen Pilze, Insektizide gegen Insekten, Herbizide gegen Pflanzen. Leider werden durch sie im hohen Maße auch andere Organismen geschädigt.

Pikieren
Das bedeutet Vereinzeln von Keimlingen während ihrer Anzucht aus Samen. Zu dicht stehende Pflänzchen entnimmt man vorsichtig mit einem Pikierstäbchen, sucht dabei die kräftigsten heraus und setzt sie in größere Pflanzgefäße oder im Beet um.

Rhizom
Das ist das unterirdische oder dicht über dem Boden wachsende Speicherorgan vieler krautiger Pflanzen. Es wächst horizontal und ist wie eine mehr oder weniger verdickte Sprossachse aufgebaut.

Schneebruch
Er entsteht an Bäumen und Sträuchern bei Eisregen, oder wenn es sehr viel Schnee gibt. Die Last auf Zweigen und Ästen wird zu hoch, und sie brechen.

Staude
Staude ist ein gärtnerischer Begriff für ausdauernde krautige Pflanzen, die selten verholzen, und die in jedem Jahr erneut weiche Pflanzenteile bilden, blühen und Samen bilden.

Überdauerungsorgan
Das sind unterirdische Speicherorgane wie zum Beispiel Zwiebeln, Knollen, Rhizome oder Wurzeln von mehrjährigen Pflanzen, die damit Frost- oder Trockenheitsperioden überdauern können, um danach wieder neu auszutreiben.

Wintergrün
Die Blätter von wintergrünen Pflanzen bleiben im Winter an der Pflanze und fallen erst beim Neuaustrieb im nächsten Jahr ab.

Zweijährige Pflanze
Das sind krautige Pflanzen, die nach der Keimung erst in der zweiten Vegetationsperiode zum Blühen und Fruchten kommen und danach absterben.

Über die Autorin

Urte Zimmermann ist Grafikerin und Malerin und lebt in der Nähe von Halberstadt am Harz. Aufgewachsen in Neubrandenburg, hat sie in ihrer Kindheit reich verzierte und illustrierte Märchenbücher gelesen und versucht, selbst so schöne bunte Bilder zu malen. Der große Schrebergarten ihrer Eltern war damals eine ihrer liebsten Inspirationsquellen zum Träumen und Malen. Außerdem bekam sie von ihren Eltern frühzeitig viele Pflanzen erklärt, wie man sie sät, pflanzt, pflegt, ihre Früchte erntet und verarbeitet. Nun hat sie selbst eine Familie gegründet und ihr Traum vom eigenen Garten hat sich erfüllt. Hier sät und pflanzt sie die Blumen, die sie malen möchte. Auf ihren Aquarellen und in ihrem Garten bringt sie die verschiedenen Pflanzen zum Blühen. Auf dem Instagram-Account **elfenrosengarten** zeigt sie ihren Followern regelmäßig ihre Aquarelle. Diese sollen die Betrachter in andere Welten entführen. Für alle, die Spaß am Malen haben, dreht sie kleine Praxis- und Lernvideos. Ihre persönlichen Erfahrungen zum Gärtnern und Fotos aus ihrem Garten teilt sie auf ihrem Rosen- und Gartenblog www.elfenrosengarten.de.

Danksagung

Mit diesen Zeilen möchte ich mich bei ganz vielen Menschen bedanken. Als Allererstes bei der Lektorin Saskia Hauck und dem EMF Verlag. Hätte Saskia mich nicht bei Instagram gefunden, wäre ich nie gefragt worden, ob ich mir vorstellen könnte, ein Gartenjournal mit meinen Illustrationen und meinen Gartenerfahrungen zu gestalten.

Außerdem möchte ich mich bei meinem Mann Ronny, unserer Tochter Laura, unserem Sohn Aron und unserem Jüngsten Remo für den zugesprochenen Mut bedanken. Sie alle haben mir wochenlang den Rücken frei gehalten und mich bestärkt.

Vor allem möchte ich mich natürlich bei meiner Mutter Ulrike bedanken. Von ihr habe ich die Liebe zum Garten und zum Malen geerbt und sie hat mir mit ihrem gärtnerischen Fachwissen beim Schreiben dieses Buches immer wieder sehr geholfen.

Unbedingt möchte ich mich auch bei meinem Vater Michael, meiner Schwiegermutter Regina, meinem Bruder Martin und meiner Schwägerin Romy für das Durchlesen des Textes bedanken und dafür, dass sie als meine Familie immer für mich da sind und hinter mir stehen.

Auch an dich geht mein Dank! Ich freue mich sehr, dass du dich für mein Blumengartenjournal entschieden hast, und ich hoffe sehr, dass es dir beim Planen deines eigenen Gartens gute Dienste leisten kann.

Impressum

Bibliografische Information der Deutschen Bibliothek.

Die Deutsche Bibliothek verzeichnet diese Publikation in der Deutschen Nationalbibliografie.

Detaillierte bibliografische Daten sind im Internet über http://www.dnb.de/ abrufbar.

EIN BUCH DER EDITION MICHAEL FISCHER

1. Auflage 2022

Illustrationen und Texte: Urte Zimmermann

Covergestaltung und Satz: Pia von Miller

Layout: Lena Albert

Projektmanagement: Saskia Hauck

Lektorat: Hannah Crawford

ISBN 978-3-7459-1025-4

Gedruckt bei Polygraf Print, Čapajevova 44, 08001 Prešov, Slowakei

www.emf-verlag.de